国家出版基金项目
NATIONAL PUBLICATION FOUNDATION

法律現象變遷史

朱章寶◎編

山西人民出版社
山西出版傳媒集團

圖書在版編目(CIP)數據

法律現象變遷史 / 朱章寶編. —太原: 山西人民出版社, 2015.3
(近代名家散佚學術著作叢刊 / 許嘉璐主編)
ISBN 978-7-203-08963-6

Ⅰ. ①法… Ⅱ. ①朱… Ⅲ. ①法律社會學
Ⅳ. ①D90-052

中國版本圖書館CIP數據核字(2015)第037146號

法律現象變遷史

主　　編　許嘉璐
編　　者　朱章寶
責任編輯　梁晉華
助理編輯　張　潔

出 版 者　山西出版傳媒集團·山西人民出版社
地　　址　太原市建設南路21號
郵　　編　030012
發行營銷　0351-4922220　4955996　4956039
　　　　　0351-4922127(傳真)　4956038(郵購)
E-mail　sxskcb@163.com　發行部
　　　　sxskcb@126.com　總編室
網　　址　www.sxskcb.com

經 銷 者　山西出版傳媒集團·山西人民出版社
承 印 廠　山西出版傳媒集團·山西人民印刷有限責任公司

開　　本　700mm×970mm　1/16
印　　張　9
字　　數　70千字
印　　數　1—3000冊
版　　次　2015年3月　第1版
印　　次　2015年3月　第1次印刷
書　　號　ISBN 978-7-203-08963-6
定　　價　22.00圓

《近代名家散佚學術著作叢刊》編委會

出版説明

近代名家散佚學術著作叢刊選取一九四九年以後未再刊行之近代名家學術著作共一百二十册，編例如次：

一、本叢書遴選之著作在相關學術領域具有一定的代表性，在學術研究方向、方法上獨具特色。

二、爲避免重新排印時出錯，本叢書原本原貌影印出版。影印之底本皆經專家組審定，原書字體大小，排版格式均未做大的改變，原書之序言、附注皆予保留。

三、本叢書分爲八大類，以作者生卒年編次。

四、爲使叢書體例一致，本叢書前言後記均采用繁體字排版。

五、個别頁碼較少的版本，爲方便裝幀和閲讀，進行了合訂。

六、少數學術著作原書内容有個别破損之處，編者以不改變版本内容爲前提，部分進行修補，難以修復之處保留缺損原狀。

七、原版書中個别錯訛之處，皆照原樣影印，未做修改。

八、所選版本之抽印本頁碼標注，起始至所終頁碼均照原樣影印，未重新編排標注新頁碼。

由於叢書規模較大，不足之處，殷切期待方家指正。

總序／披沙瀝金，以爲鏡鑒

◇許嘉璐

多年來有一個問題始終在我腦中盤桓：爲什麽在十九世紀末到二十世紀初，在短短的幾十年裏，中國的各個學術領域竟涌現了那麽多大師級的人物？這是中國近代史上一個極爲重要的現象，我認爲，如果不能給出令人滿意的答案，我們撰寫的近代學術史將是不完整的，甚至是缺乏靈魂的。後來我知道，著名人類學家克羅伯曾提出過一個問題：爲什麽天才成群地來？看來這種現象的出現並非中國所獨有，思考其所以然的也大有人在。而在那一次世紀之交中國的情況，似乎應驗了「天才成群地來」這個令克氏久久不解的疑問。錢學森先生曾從相反的方向提出了相同的疑問：爲什麽我們這個時代出現不了杰出人才？後來人們稱這個問題爲「錢學森之謎」。

要回答這些疑問不是件容易的事。與其迅速地囫圇地探尋，不如先多了解那些讓中國近代學術（應該包括人文科學和自然科學）史上閃耀着光輝的大師們的作品和自述，從而在腦海里盡量「復原」他們所處的環境和在那種環境下的心理路徑，從中或許可以得到一些啓示。

有一點是顯然的，這就是他們雖然都已遠離塵世而去，但是他們獨立思考的品性、求知治學的真誠、困厄窮愁中對節操的堅守，恐怕是他們共同的主觀因素，一直影響到現在，而且將會永遠留存下去。

就思想界、學術界而言，二十世紀上半葉是一個新説和舊説碰撞，中學和西學融匯的大時代。那時的學人極爲重視言行操守，同時具備現代知識分子的理想信念；他們的學術研究十分純净，絶少功利因素；他們的視界開闊，以包容的心態和嚴謹的風格造就了成果的大氣與厚重。至於在客觀因素一面，他們實際是在用工業化時代的事實解説着太史公所説的名山之作「大抵聖賢發憤之所爲作」，困厄苦難使得他們「皆意有所鬱結」。這種鬱結，幾乎和個人的名利毫無牽涉，他們永遠不能釋懷的，是民族的存亡、國運的興衰、民衆的福禍和文脈的續斷。

那個時代也是近代歷史上最大規模的中西古今學術調適、創新的時期，學術方法上的交互滲透和融合、創新亦可謂「於斯爲盛」。斯時之學人是要在封閉的屋墻上鑿出窗子的勇士，是使人能够看看外部世界的第一批導夫先路者；或者可以説，他們是在「意有所鬱結」時「彷徨」和「吶喊」的「狂人」。

相對於那時的哲人們，後來者是幸運兒。現在的形勢是，近三十年來學界空前繁榮，衆多學科有了長足之進，其中很重要的一點是學界有了更新穎、更廣闊的國際視野，似乎接續上了百年前的學壇盛事。但細想想，「古」與「今」還是有差别的。其异，主要不在於世界情勢、學術進展、工具改善這些客觀存在，而在於在廣泛吸收各國優長的同時，自身文化的主體性越來越受到重視，换言之，「拿來主義」已經延長了「拿來」的程序，加上了試用、甄别、篩選、吸收、融合、成長。就我孤陋所見，在當今地球上，面向所有異質文明，努力汲取我之所缺，其範圍之大和心態之切，似乎無出中國之右者。從這個角度説，我們已經超越了前輩。但是事情還有另外一面，學術，特别是人文學科，其職業化、「沙龍化」和功利性，以及隨之而來的浮躁病却嚴重了。從這個角度説，是不是我們已經後退得够可以的了？而這是不是我們這個時代出不了大師的原因之一呢？

民國學術界的特點之一是極爲注重對傳統的反省、批判與繼承。他們對傳統文化盡最大的努力進行整理和研究。一方面，由於戰亂頻仍，民不聊生，學者們擔起了讓中華文化薪火相傳的歷史責任；另一方面，他們要通過對中國傳統文化的整理、挖掘來重振民族自信心。這一時期對傳統文化進行整理的全面而深入是前所未有的，舉凡文字學、語言學、經濟學、法學、哲學、政治制度、書法繪畫、金石學……規模之宏大，研究之精微，令人嘆爲觀止。

民國學術推動了現代學科體系的建立。在對傳統文化整理和研究的基礎上，吸收西方的文化思想和理念，推動和建立了中國現代學科體系。例如，在對語言文字和音韵學成果進行整理、研究的基礎上開始着手規範之，建立了國語學；深入研究書法、國畫，將其融入了現代美術學科；在廢除舊有學制後逐步建立起小、中、大學較完整的科目和學科體系。

民國學術也改變了傳統學術方式，建立了新的研究範式。以現代科學考古爲發端，科研的實踐和成果使中國知識界真正認識到在實驗、比較基礎上的邏輯分析對學術研究的重要，推進了中國學術的一大演變。至於我們常説的打破士大夫傳統、走出書齋到田野鄉村和市民中進行調查研究、結束了經學時代、以歷史眼光檢視儒學和諸子等等，都是確立新學術範式的努力。這一轉變，也標誌着中國學術界脱胎换骨，全面進入了現代，爲此後的學術發展奠定了堅實的基礎。當然，西方啓蒙運動以來，在「現代性」和「現代化」裏潛伏着的缺陷和謬誤也傳到了中國，這些不能不在前哲的著作裏留下痕迹。這並不奇怪。類似的情况，古往今來孰能免之？猶如今天的我們，誰敢自稱我之所見就是永恒的真理？在這個問題上兩個時代所異者，或許就在昔時大家創立新説或譯註西學著作，往往是懷着對學術和前哲的敬畏而爲之，故而常常誤不在我；當今則往往出於對學問和他人的輕蔑，或以所研究的對象爲謀己的工具，因而難辭主觀之咎吧。翻閲他們的心血之作，這些復雜的狀況可以顯見，可以視之爲我們的一面鏡子。

滄海桑田，世事變幻，歷史的動盪和時代的遮蔽，使當年許多大師的一些極有價值的學術著作被棄於故紙堆中，不能不令人有遺珠之憾。爲此，山西人民出版社不惜以數年之艱辛，披沙瀝金，編輯出版這套近代名家散佚學術著作叢刊，凡一百二十册，計文學、史學、政治與法律、美學與文藝理論、民族風俗、宗教與哲學、經濟、語言文獻共八大類別。所選皆爲作者之純學術著作，無論是其見解、精神，抑或是其時代烙印，都是後輩學人可資借鑒的寶貴財富。他們出版這套叢書，意在讓世人不忘來程，知篳路藍縷之不易，爲民族文化的傳承再增薪木。

出版社的初衷，與我近年來所思所慮近似，故願略述淺見於書端，以與策劃者、編輯者和讀者共勉。

二〇一四年七月六日

改定於自安東回京途中

前言

◇王繼軍

一切歷史都是當代史，人類歷史具有延續性，現實之中包含着歷史的因素，割不斷的傳統深刻地影響着當代社會；歷史可以從當代的角度去發現和解讀，當代所面臨的現實問題，促使我們去追尋它形成的根源，去叩問前人的智慧，以資借鑒。在平静緩慢、綿延不絶的歷史長河中，總有那麽一些波瀾壯闊、起伏跌宕的時期，它們所孕育的巨大轉折價值和意義深深地影響着後來者。近代中國社會經歷了亘古未有的大變革。就經濟而言，傳統的自然經濟結構受到衝擊，資本主義因素的工商業在經濟體係中佔據越來越重要的地位；在政治上，帝制衰敗，共和肇興；在法律方面，傳統的法律典章再也不能够適應富强、民主、自由、科學的社會需要，西法東漸，勢不可擋；在文化和學術上，東西文化的碰撞、交流與融合，使得發現新資料、運用新方法、創造新範式、提出新思想成爲可能。中國近百年的歷史可以説是一個從傳統社會轉向現代社會的歷史。

開放的思想是人類理性挑戰愚昧的鋭器，自由的學術是世界邁向理想社會的階梯。一代學人以他們廣博的學識、獨立的品格、創造的思維、勤奮的勞動，推出燦若繁星而又堅實厚重的學術成果，爲時代提供智慧的啓迪和思想的指引，以一種獨特的方式積極參與到社會變革的偉大歷史進程來。學術的力量是長久和巨大的，學者的貢獻是不應該被忘記的。

本叢刊政治與法律部分，輯録了于佑虞、聞亦博、曾松友、宋希庠、楊德森、常乃悳、瞿同祖、王振先、熊理、朱章寶、蔡樞衡、趙鳳喈、陳顧遠、郭箴一等名家散佚的論著，其中涉及社會形態、政治制度的歷史與學説、中國古代的倉儲、糧政、勸農、海關、婚姻等制度、婦女問題以及中國法律之精神與法律現象變遷等諸多方面的重要論題。這些論著具有資料豐富、考證翔實和「思他人所未思，言他人之未言」的共同特徵，又在方法、結構、風格方面展現出摇曳多姿的形態。有的長於叙事，爬梳整理，去僞存真，娓娓道來；有的善於思辨，歸納演繹，比較剖析，鞭辟入裏；有的體大思精，在宏大的架構中闡説精妙的見解；有的以小見大，於細微處見精神。這些論著無疑成爲中國學術史上的瑰寶。

閲讀是一種交流，研習先輩學人的著作，就仿佛與杰出的心靈展開了一場穿越時空的對話；閲讀是一種沉思，浸潤於那些深邃的思想裏，使我們得以忘却外部的喧囂與繁華；閲讀是一種旅行，我們汲取歷史的滋養，再向更遠處出發。

是爲序。

作者簡介

朱章寶（一八八八年—一九六八年），字隱青，浙江金華人，中央大學法科法學士，厦門大學教授，上海法政學院教授。

法律現象變遷史

目次

法律現象變遷史

第一章　宇宙現象及其法則

淮南子說：『四方上下謂之宇，往古來今謂之宙。』宇就是空間，宙就是時間。我們往往用『宇宙』二字來表示極大的空間和極長的時間；我們所稱『宇宙現象』是指極大的空間和極長的時間內所包含的一切現象而言。宇宙是無窮盡的，我們在宇宙間所能認識的現象，究竟有幾何？我們把所知的和未知的比較，相差幾何？可分別空間和時間來研究一下。

從空間方面說，所謂『宇』就是各行星所運動的太空，太空有幾何大？天文學家雖還沒有精確的計算，但是我們可以看那太空中的各行星，都各有其軌道繞着太陽而運行，八大行星中，海王星距離太陽最遠，約有二十八萬萬英里，可見太空的廣袤是在五十六萬萬英里以上；地球的體積，在八大行星中居第五位，他的直徑不過八千英里，而太陽的體積大於地球一百二十五萬倍。我們從這些觀念來推想，便可以知道地球在太空中，眞不啻『滄海一粟』。再說地球的面積，約一萬九千七百萬方英里，其中海面占有一萬四千五百萬方英里，陸地占有五千二百萬方英里，可見我們所居的大地不過全地球面積四分之一；人類能駕飛機而航空，高可升至五英里，縱使再有進步，而地球表面上的空氣最高度亦不過二十英里；人類又能乘潛航艇而入海，深可達數千英尺，縱使再有進步，而海的最深度亦不過五英里。這樣說來，人類在空間全體中所活動的境域，又不過『滄海一粟』中的幾分之一罷了。

從時間方面說，所謂『宙』是包含往古來今說的，來今的時間，無法預測；單就往古的時間說，地球生成以前，又是不可考究了；姑且說地球的年齡，學者所說亦頗不一，奧茲本（Osborn）則估計爲一萬萬年，赫胥黎（Huxley）則估計爲四萬萬年，也有估計爲十六萬萬年的，可見地球生成以來的年代是很久遠了；至於地球上發生人類以來，多數學者都說有五十萬年了，而人類有史以來，則不過六千餘年，若把他和地球年齡比較，眞不啻『萬世一瞬』。

宇宙既是無窮盡的，決不是人類的能力所能觀察其究竟，有如牛頓（Newton）所說：『吾人所得的知識，猶之兒童在海濱拾取砂粒，所知者不過已得的一小粒，而未知者還有如眼前的茫茫大海。』這個譬喻，眞是確切。人類的能力固然是日有進步的，從伽利略（Galilei 1564—1642）發明望遠鏡以後，人類便能逐漸發見了許多很遠的東西；從雷汶胡克(Leewen-hoek 1632—1723）創造顯微鏡以後，人類便能逐漸發見了許多極微的東西。但是，即以人類能力所應該觀察得到的現象，往往又爲機會或其他的條件所限制，未必都能觀察得到，所以當我們研究某一種現象的時候，每不能盡量的搜集一切材料；現代科學上所採用的，大都是『不完全的歸納推理』（imperfect induction），故研究所得的結果，亦不過是一個『蓋然』(probability)的關係。由此可見我們所能認識的宇宙現象眞是有限得很了。

我們姑且把所能認識的宇宙現象，分爲『自然現象』和『社會現象』兩種來說：自然現象，是指太空中一切星球的狀態和運動，以及地球上山嶽河海氣候潮汐金石草木鳥獸人類等的存在和變化。凡本乎自然的演化而生成流動的一切現象而言；社會現象，是指人類社會生活中，由人力去變更自然的形式所產生的一切物質文明，以及人類相互間的各種關係，如風俗習慣政治經濟宗教道德藝術等的發生和變遷，凡非自然的產物而由人類的意識行爲所演進的一切現象而言。

人類原是自然現象界的一分子，關於人類的生長老死，人身的新陳代謝，及其他一切自然的活動本來屬於自然現象；但是人類的生長老死大半已失卻自然的本相，而如思想言語行動等都是由人類社會中的交互刺戟和反應所遞嬗遞變的結果，則又是屬於社會現象了。

宇宙間一切現象的生成流動，都有『因果關係，』就是叫做『法則』。自然現象界，有『自然的法則，』據天文學家所研究，天體的最初是一團星氣（nebula），能自由旋轉運動，而凝集爲各星球，不外乎『力』和『質』交互推移的作用；進化論中，有『翕以聚質，』『闢以散力，』『質不滅，』『力常存，』等根本的法則；大而至於天體界各星球的構成運動，小而至於無生物界的砂粒和有生物界的草芥蟲豸，他們的變化生滅，都含有上面所述那幾個根本的法則。社會現象界，亦有『社會的法則，』人類的相互接觸，由交互的『刺戟』和『反應』的作用，社會關係於是乎密切，個人人格於是乎完成；人類爲滿足一切慾望，則有「支配自然」(control of nature)的種種方法；人類爲營共同生活，則有「分工」和「合作」的方法；人類團體生活的運動，則有「互助」和「鬭爭」兩個相反而又相成的方式：這些都是人類社會生活所由形成而變遷的根本法則。

自然法則，是由自然自身所造成，而由人類發見出來的；社會法則，是由人類所造成，並由人類發見出來的。宇宙間一切現象是很繁雜的，人類卻有一種「繁中求簡」的努力；一切現象又是很玄晦的，人類卻有一種「晦中求明」的努力；一切現象又是很紛變的，人類卻要從變中求其不變，就是要「異中求同」。這個「簡」「明」且「同」的是甚麽？就是一切現象間的「因果關係」。宇宙間各種特殊現象的形態都是不相同的，然而其中必定有若干共同的原素；每次所發生的現象也都是不相同的，然而其中必定有若干共同的原因。人類祇靠他這一點有限的能力，偏能控御那無窮盡的現象；換句話說，人類根據他從經驗得來的「已知」，卻能推求到那經驗所不及的「未知」。因爲人類能分析一切現象的原素，又能發見一切現象的因果關係，科學的系統於是乎完成。凡研究一切自然法則的，叫做自然科學，研究一切社會法則的，叫做社會科學。

自然現象是沒有意識，沒有目的的，一切的生成流動，都是無所爲而爲，不期然而然，故自然法則都有『必然』的關係，在空間和時間上的妥當性比較的大。社會現象是有意識，有目的的，就是人類爲謀自己的生存和進化所試驗選擇而演成的，故社會法則一方面是含有必然的關係，他方面又含有『當然』的關係，就是人類要強制自己應該如此做，也可以叫做規範的關係，而這『應該』的標準又常常跟着環境和時代而變遷，所以他在空間和時間上的妥當性比較的小。

我們所謂一切現象，都是依據我們的認識得來的，故一切科學都是建立在認識之上，而我們的認識又常常隨着我們的需要和注意而不斷的擴大；所以由認識而獲得的一切法則，也不斷的有改訂或增補。那末，無論自然法則或社會法則，都沒有超越時空而絕對的妥當性，不過自然法則比社會法則所適用的空間較廣，所適用的時間較久。故自然科學的研究，是較爲安定而易有進步；而社會科學的研究，則更覺渺茫而難得進步。

第二章　社會生活的分析

社會現象是甚麼？前章曾有概括的敍述，我們再進一步來分析社會現象，研究人類社會各種特殊的現象是怎樣發生？有甚麼作用？不得不把人類的社會生活先來解剖一下；而人類的生活又是依照生物的法則而演進的，故又須先從一般生物的生活研究起。

一般生物都有『自己保存』(self-preservation) 和『自己繁殖』(self-production) 兩種作用。如植物一類的生物，他時常要從外界吸收營養的物質，起新陳代謝的作用，把他體內無用的成分排洩到外界去，這樣循環不息，以維持他的生命，且促進他的生長；植物也能繁殖他的種族，或是無性生殖，或是有性生殖，或是雌雄同體，或是雌雄異體，總能使他的子孫代代相傳，綿延他的種族。至於動物，則此種作用更爲複雜，他們的自己保存作用，可分爲『營謀食物』和『抵抗仇敵』兩方面；而他的繁殖作用，亦可分為『生殖』和『養育』兩方面；此外又因內部機能發達的關係，而有遊戲和工作等活動；因為達以上幾種的目的，他們又時常會結合同類，共同覓食，共同禦敵，並且需要家族生活，以完成產育子女的任務。在高等動物中，已發現有分工合作的生活，如螞蟻之類，有專門產卵的，有專門做工的，有專門打仗的，且有做奴隸的，而他們很能夠和衷共濟，聯成一個大團體的共同生活。又如鳥類，或家畜動物如貓狗之類，他們的動作常能互相影響，互相變化，一個動物的動作常能作別個動物的刺戟，而引起他的反應。例如甲狗向乙狗挑戰，乙狗便起而應戰或退避；一犬吠影，百犬吠聲；母鳥教飛，小鳥學飛；貓來捕小鷄，則母鷄挺身奮鬭以保護他的兒子等類。這些動作，都已形成社會生活的基礎，所以有許多學者說：社會生活不是人類所專有的，許多的動物都已有了。

人類的生活，是不能脫離生物法則的支配，故人生的基本目的，也就是生命保存和種族繁殖，而其實現目的的方法，仍不外乎上面所述的營謀食物，抵抗仇敵，生殖，養育的四種作用。不過人類生活的各種作用，比較一般的動物更為複雜，我們可以把人類的生活分為五類來說明如左：

第一類的人類生活，是由一般動物營謀食物的作用演化而成的。人類由漁獵生活進而爲畜牧生活，再進而爲耕種生活，再進而爲工商業生活；當初祇曉得謀食，後來漸漸曉得謀衣，謀住，謀行；最初是祇能採取天然產物，後來能夠用人工去改變物質的形式以增加他的效用，又能轉換產物的地位以調劑其有餘和不足，於是往來交通的水陸道路便一天發達一天了。在這個進化歷程中早已能製造工具使用工具，學者稱人類爲『製造並使用工具的動物，』這也是人類高出於動物的一個特徵。且人類的『慾望』是無限制的，而自然界可以供人類生活資料的『貨物』也是無窮的；由人類的慾望去支配貨物，用貨物來滿足慾望；前者叫做生產，後者叫做消費。生產消費交互演進，於是人類的謀衣，謀食，謀住，謀行，以至於其他一切謀生的活動，愈趨愈繁，所謂物質文明的進步便沒有底止。這樣的生活，我們不能單稱他爲覓食生活，而應該稱他爲『經濟生活。』

第二類的人類生活，是由一般動物抵抗仇敵的作用演化而成的。人類的敵是有許多種：

有天災的敵，有猛獸的敵，有同類中異羣的敵，有階級的敵。故人類有抗天，抗獸，抗人的種種鬪爭，沒有一種不是爲着保護自己而爭的。他的鬪爭方法，更是變化多端：有積極的鬪爭，就是用武器替代爪牙去征服猛獸和敵人；有消極的鬪爭，就是有防禦工作，以防天災，防獸患，防敵人的侵襲；又有和平的爭，也可說禮讓的爭，就是設立各種規約和信條，使同類之間不至發生互相侵奪的行爲，以消弭鬪爭於未然。以上各種方法，除抗天抗獸的幾種特別設備外，若專從人與人爭的一方面說，則古來有進攻退守的軍備；有反抗屈服，聯合，分離等權力關係的運動：這些都稱爲人類的『政治生活。』當鬪爭停止而相安一時的時候，則必有一種規約，訂定相互的關係，限制個人自由，維持公共秩序，而增進其組織的機能：這是稱爲『法律生活。』更從人類的內心方面求改善，不須強制而能以禮讓相待，有同情的結合，有共同的信條：這是稱爲『道德生活。』

第三類的人類生活，是由一般動物生殖的作用演化而成的。卵生動物一次可生數千百個卵，胎生動物一胎不過生數子，至人類則一胎雙生的尤爲罕見，故人的生殖比一般動物較爲艱難。但是人類的性行爲卻比一般動物無限制，而性交又不像動物那樣專靠一時的衝動，常帶着些情操的作用，故人類的性交則比一般動物較爲發達。一般動物的兩性感誘，祇靠他天然的聲音香氣和色彩，或偶然的一些求配偶的動作。至人類則能用人工的裝飾和音樂芬芳等刺戟，且有言語文字及其他動作的表情以互相感誘。故人類的兩性結合比一般動物更爲濃厚，而性的選擇和競爭，亦比一般動物尤爲劇烈。人類一方爲謀生殖的繁衍，他方又須防遏性交的競爭，於是創立配耦的制度，以戀愛的關係爲基礎，而以道德法律爲制裁：這是稱爲『兩性生活』和『婚姻生活』。

第四類的人類生活，是由一般動物養育的作用演化而成的。人類的成熟期 (period of maturity) 比較一般動物最爲長久，所以生出後必須依靠父母有長時間的鞠養。在螞蟻蜜蜂等動物，雌的專門產卵，雄的專門覓食做工，家庭形式已見萌芽。又如雙棲的鳥類，雌鳥在巢孵卵的時候，雄鳥出外覓啄食物，回到巢中供給雌鳥。至於胎生動物，則母體更有哺乳的任務，養育的作用已很顯明，不過動物的成熟期較短，他們分工養育的家族生活是暫時的。若人類的養育期間則至少亦有四五年，這四五年當中母爲養育子女不能出外工作，則父爲扶助其母子的生活，有長期間同住的必要；相處日久，夫妻的感情漸加濃厚，親子的關係漸加密切，家庭的基礎於是乎鞏固；子女依靠父母鞠養的期間既長，則因其生理機能的發展，對於父母平日行爲的刺戟，能逐漸發生反應，家庭中暗示，模倣，同情等作用日漸發達，人類在社會上的『可塑性』(plasticity) 由此養成，教育作用於是乎能奏厥功：以上所述可稱爲人類的『家庭生活，』和『教育生活。』

第五類的人類生活是甚麽呢？在一般動物，祇有上面所述的四類生活，高等動物雖也有遊戲娛樂等的活動，不過是由於生理機能發達的結果，並沒有推理的作用。至於人類，則於物質生活的滿足而外，更有精神愉快的要求，如遊戲的運動，以及音樂圖畫雕刻等美術的活動，都是由想像思考的作用而發明出來的。加以人類的慾望是無限制的，對於其目前所處的環境常有不滿足的感念，然其改造環境以適應新要求的能力，則又往往不能如其慾望的發達以措施一切而毫無遺憾；理想和現實漸相懸殊，則人生的煩惱悲哀常伴着物質文明齊驅並進，於是人類不得不於上面所述的四類生活以外，更有一種超脫現實世界的理想生活，這種理想生活，是可以由人類的意識自由營求，而有超越環境的能力；當煩惱臨頭，悲哀塡膺的時候，祇有退而自求主觀的解脫，心靈的安慰。這時候所謂精神的愉快，既缺乏經濟能力而不能獲得上面所述的美術生活，並且非那些具體的怡目悅耳的生活所能解除其煩悶，於是更進一步而有詩歌文學等的要求；還有其他足以指示人們超越利害關係，解脫凡俗桎梏，而寄託其心靈於理想的極樂世界的各種宗教作用，也乘機而起。宗教作用雖未必能援引人們立時脫離苦海，躋登樂土，然最小限度亦能使人們拋卻現世所趨崇的一切偶像，而獲得一時的精神自由。以上幾種求精神自由的作用，並非一味消極的，實能使人類的生活提高改善，而影響到現實社會的改造，也有很大的效力。這樣的生活，可以稱爲『藝術生活』和『宗教生活』

以上所述，都是人類生活進化的歷程，把他再列舉的說，就是：經濟生活，政治生活，法律生活，道德生活，兩性生活，婚姻生活，家庭生活，教育生活，藝術生活，宗教生活凡十種。這十種生活，無一不有社會的關係，因爲個人不能離社會而生存，人和人的接觸，有心理的交互作用，有言語文字以互相交通，有分工合作的一切營求，故凡是個人的思想感情，以至人類全體的文化，無一種不是社會的產物，所以我們要總稱上述十種生活爲『人類的社會生活。』德國社會學家茂拉萊爾（Müller-Lyer）把人類文明分爲二大綱，九條目：第一，物質的社會生活要素（文明的基礎）共分爲三種：（一）經濟（食，住，衣，武器，工具等，）（二）生殖（性的關係，婚姻，家族等，）（三）社會組織（團體生活，政治的職能等；）第二，精神的生活要素（文明的構造）共分爲六種：（一）言語，（二）科學，（三）宗教和哲學，（四）道德，（五）法律，（六）美術（見陶譯社會進化史四一頁——四三頁。）他這個分類法，和我上面所講的，大致相同，因爲都是根據人類進化的事實歸納出來的。

人類的社會生活，又可分爲『經緯』兩面來觀察。易繫辭傳說：『天地之大德曰生。』禮記禮運篇說：『飲食男女，人之大欲存焉。』人類本乎自然生生不已的原則，不但爲自己謀生存，且爲種族謀生存，前者的根本行爲就是『飲食，』後者的根本行爲就是『男女。』我國儒家經典所詔示，尙且不外乎此，可見人類生活的重心，當然在自己保存和自己繁殖兩種作用。

那末，人類的社會生活，當以經濟生活和兩性生活二種爲其『經。』人類既用其全力以從事於經濟生活和兩性生活，則個人的努力終不免有過度或不及，而人羣的衝突亦往往由此而起，反足以阻礙人類本來的目的，於是防閑和輔導的方法，卻爲人類生活中不可少的手段；凡政治法律道德教育等，都含有消極的防閑和積極的輔導兩種作用，而究其目的則不外乎求人類的生存和幸福，謀種族的綿延和進化而已。那末，人類的社會生活，又當以政治生活，法律生活，道德生活，教育生活四種爲其『緯。』至於婚姻生活，不過爲調劑性交的一種手段；家庭生活，不過爲完成生殖的一種工具：也可以看作人類社會生活的『緯。』還有藝術生活和宗教生活兩種，乃是調劑人類一切生活的矛盾，並使脫免晦澀而進於光明的一個樞機，猶如織綢，經緯相聯之後，再加以花紋，染以色彩，則絲縷的痕跡都彌密帖伏，煥然成爲一片的錦繡了。

人類的種種生活，從人類的主觀方面看來，不過是各個人有目的的意識的行爲之歷程，例如經濟生活，兩性生活等，在主觀方面說，就是人類的經濟行爲，性的行爲。但是若從客觀方面看來，則人類種種生活，又是滿布在時間和空間的種種現象，故如人類的經濟生活亦可叫做

『經濟現象，』人類的兩性生活亦可叫做『性的現象。』其餘的各種生活，也照樣的都可以稱爲某某現象。綜合人類的一切社會生活，就是叫做『社會現象』

以社會各種現象爲對象而研究其生成流動的一切法則的，叫做『社會科學。』依上述十種生活來說，則有十種現象研究這十種現象的，則有經濟學，政治學，法律學，道德學（或倫理學，）兩性論，婚姻論，家庭論，教育學，藝術論（美學及文學，）宗教學等十種的社會科學。此外還有研究社會整個現象的，則爲社會學；研究過去的社會，就是社會進化歷程的，則有歷史學；研究人類進化歷程的，則有人類學；研究人類生理的心理的遺傳並其改善方法的，則有優生學；研究人類言語的起源及其進化的，則有言語學：這六種都是研究社會現象一般的關係，且爲各種社會生活所由形成或變遷的源泉和紐帶，故亦屬於社會科學的範圍。

社會現象中某一部分若失其調和，或和其他的部分不能互相適應的時候，便引起社會的糾紛，發生某種『社會問題。』對於部分的或一時的現象，施用一種改善或促進的手段，而有具體的方案來實行的，叫做『社會政策；』對於整個的社會，根據某一時代或某一階級的思潮，完全以人類主觀的觀念，謀社會根本改造，而以有系統的理論和實現方法來進行的，叫做『社會主義，』社會主義和社會科學的區別；前者爲主觀的，後者爲客觀的；前者爲感情的，後者爲理智的；前者爲濟世救人，後者則純爲探求眞理。

第三章　法律現象和社會生活的關係

前章曾說，經濟生活和兩性生活，是人類的基本生活，也就是其他一切社會生活的基礎，換句話說，這個就是社會組織的基礎。而法律現象又是由社會組織的事實產生出來，故經濟生活和兩性生活也就是法律現象的基礎。

我們試看原始社會時代的法律現象，如關於實業的分工合作，財產的私有或共有；及關於男女的配合，氏族家族的組織等項，都是他們當時的中心問題。再看歷來的民法和刑法，也都是爲保護私有財產和維持婚姻制度及親族關係而設的；又看各國的犯罪統計，其犯罪原因大多數是財產的糾葛和性交的衝突。

最近一百五十年來政治法律的改造運動，頻繁而且激烈，然其結果，不過關於國家組織的制度上起了若干次的紛更，而關於私產制度婚姻制度及親族制度的規定，竟沒有甚麽變動；社會革命的主要任務，即在於這兩種制度的改造，無非爲適應人類的根本要求，但是現在還得不到一個澈底的解決：這是很值得我們注意的。孟伽（Anton Menger）說：『人類的基本目的：第一，是維持自己的生存；第二，是繁殖自己的種族。欲達第一個目的，則有財產制度；欲達第二個目的，則有家族制度。今日的私法，就是爲這兩個制度所引導而成，且以這兩個制度爲其趨向的歸宿。』（新國家論第二編第一章）於此可見法律現象的發生及其變遷，都是由於人類基本生活的要求，換句話說，人類欲實現其基本目的，必定要以法律生活爲其手段。

人類爲實現其生存和繁殖兩個基本目的，不得不在各種社會生活上同時努力，而人類的努力，常向着有利於一切社會生活的條件上進行的。人類的生活條件，大抵是相同，故人類便有共同利益的要求。

孟伽說：『人類的公共福利，就是維持生存和繁殖。』這樣的解釋公共福利，我以為是最徹頭徹尾的一句話了。因為各個人既有同樣的目的，便有共同的利益，自然要有共同的努力和共同的方法來實現的。

滂德（Roscoe Pound）把個人的利益分為六種：（1）關於身體和生命的；（2）關於家庭的；（3）關於財產的；（4）關於名譽的；（5）關於自由意志的；（6）關於精神生活的。他以為法律的現象應該以『利益的理論』（the theory of interest）為其中心思想，法律就是實現這些利益的工具（見法學肄言三三——三五頁。）他所舉的這六種利益，也都是由於人類的自己保存和自己繁殖兩大目的而生，我前章所說的各種社會生活，也都可以歸納到這六種利益上來。人類為調劑各種社會生活，實現各種利益，所以必須有法律的工具。

法律又怎樣能夠實現人類的利益呢？我再按前章所述的人類營謀食物，抵抗仇敵，生殖，養育四大作用，考察其遂行這些作用的方法，則不外乎『自謀』和『自衛。』人類的自謀，就是各個人都要實現自己的利益，同時也要使別人都能實現他的利益；人類的自衞，就是各個人都不許別人來妨害自己的利益，同時自己也不可去妨害別人的利益這樣雙方相互的作用，便會使各個人的自謀自衞聯合成一羣人的自謀自衞。我們可以引用狄驥（Duguit）所倡的『社會連帶關係』（參看本書第八章）說來說明，人類一方面是有共同的需要，和相同的性能，大家利用他們相同的性能，同來做一件事，以滿足他們共同的需要，於是有合作；人類他方面又各有特殊的需要，各有特殊的性能，各個人利用自己的特殊性能各自去做一件事，來交互的滿足各個人的特殊需要，於是有分工（參看本書第五章柏拉圖的分工說。）狄氏以為人類這種分工合作的事實，便產生出社會的連帶關係，而這個社會連帶關係，就是一切法律的基礎。

人類為自謀實現彼此的利益，不得不有分工合作，既有分工合作，便要發生種種相互間的關係，欲使這些關係確定而持久，自然要有一定的『組織。』人類又要自衞其應有和既有的利益，就是不許彼此互相妨害其利益；對於利益所有者方面說，便要有『保護；』對於妨害者方面說，便要有『制裁。』這種組織，保護，制裁等作用，都是社會生活上自然發生的事實，我們稱他爲『法律的作用，』其實在最初的時候，人類祇有這些習慣，並無所謂法律。例如原始社會的民族團體，有男女的分工，有共產制，有羣婚制，這些就是原始時代的組織；有結羣的住宿，有集團的鬬爭，有對於自然物的崇拜和祈禱，這些都是他的保護作用；有宗教式的禁律，有神意的判罪，有復仇，有賠償，這些都是他們的制裁作用。（參看本書第四章）

法律是由習慣而來的，社會生活先有組織，保護，制裁等的事實，這些事實反復發生到若干次以後，便成立一定的關係和步驟，個個人都以爲照這樣做是最有利益，於是成爲習慣；大家必須遵守這種習慣來做事，倘有人不能遵守，便有一種力量來強制他，這時候習慣便變爲法律。穗積陳重所著的法律進化論中，分法律爲『潛勢法』和『現勢法』兩種，潛勢法是指潛伏於社會生活裏面，未具形體，未成法規的那些習慣和信仰說的；現勢法是指現化爲法規的那些未具形的記憶法，和既具形的成文法規說的。穗積氏以爲法律就是一種『社會力』他說：『這種社會力，在法規未出，法形未成以前，早已存在；法律具有實質和形態二要素，故以文書記載出來，便成爲法規；以論理的系統排列其法規條文，而彙類編纂起來，便成爲法典。」（法律進化論第一册第一編第一章）大抵初期社會祗有無形的法律，後來漸漸發生有形的法律，而仍以無形的法律爲其基礎。習慣若具有一種強制力（穗積氏所謂社會力）時，便和法律有同等的作用，故習慣也就是無形的法律。

從前那些關於組織，保護，制裁等習慣，後來漸漸表現爲各種法律，如關於國家的組織，則有憲法；關於地方自治團體的組織，則有自治法；關於公法或私法上各種社團法人的組織，則有商會法，工會法，及公司法等；關於人民的生命權，身體權，名譽權，自由權，財產權，親族權等的保護，則有民法內各種特殊法典；關於犯罪行爲的制裁，則有刑法上生命刑，自由刑，名譽刑，財產刑等刑罰的規定。而這些法律的目的，都在實現人類的共同利益，分開來說，某種法律是爲實現某種利益，其方法有積極的保護，有消極的制裁，而其目的也不外乎滂德所分類的各種利益。

社會各種生活是隨着人類的慾望而不斷的變遷，故一切習慣也不斷的改造或增進，則無論有形的法律或無形的法律，都具有『變動性』；社會上既發生一種新生活，人和人間便發生一種新關係，於是便需要一種規定或維持那些新關係的新法律，故學者有『活的法律』(living law)的稱呼。

自從有形的法律（成文法）發達以後，法律偏重『維持社會秩序』的作用，一種法律制定之後，往往要把社會看作一個不變動的東西，盡量來延長他適用的時期，以爲法律應該富有『固定性』於是法律便不能適應社會的新要求。加以統治者的權力日見擴大，他們要利用法律來維持自己特殊的地位；並且倚恃法律的威權來發展他們特殊的利益。這時候的法律，已有公法和私法的區別；所謂公法，名爲維持國家秩序，其實是統治階級用來壓迫並搾取被治階級的一種工具；所謂私法，名爲保護個人的利益，其實所保護的也不過特殊階級的利益。從此大多數人的生命，自由，財產等權利，都失了法律的保護，甚且反被法律所剝削。所以孟伽的學說，要把今日所謂私法改做公法，而取消今日所謂公法，使他再不得有公私兩法的對峙。（見新國家論第二編第一章）

原來法律是『維持社會秩序，』『實現人類利益』這兩句話，根本上並不相抵觸，祇因爲後來所謂秩序，乃是階級分立的秩序，是權力服從的秩序。故維持這些秩序的結果，社會便陷於不平等的狀態；而其原有的組織和制度，都不能和實際社會生活上各種新關係相適合。這時候的法律已成爲阻礙社會進化，摧殘公衆利益的不祥物，於是革命的風潮便乘機而起，勢非推翻舊法律破壞舊組織而另圖新的建設不可，因爲人類沒有一個不爲自己的生存和福利而要拚命奮鬭的，奮鬭改造的結果，法律還是要來適應社會的新生活和新關係，以實現人類公共的利益。

歷來社會各種生活中，變遷最激烈的，莫過於經濟生活。人類支配自然的能力增進無窮，故社會組織的經濟關係嬗變不息；而人類中性能不齊一，發展機會不均等，時時要使社會分裂爲幾層的階級，壓迫和反抗，更替而起，演成一部人類鬭爭的歷史。然其間每次的紛擾，都要使法律現象發生重大的變更，於此已可見經濟生活和法律現象的關係尤爲密切了。

綜合以上所述，我們可以把人類的活動，歸納出兩個原則：第一是『互助；』第二是『鬭爭。』關於經濟生活的互助就是實業上的分工合作；關於兩性生活的互助就是男女生理上心理上和家庭生活上的分工合作；關於經濟生活的鬬爭，就是財產所有權的攘奪，以及階級間的壓迫和反抗；關於兩性生活的鬬爭，就是性交的衝突，以及種族間的生存競爭。總之，人類爲求自己生存和種族繁殖，必須有互助和鬬爭兩種活動方式。而互助和鬬爭的活動，又時時要以法律來做他們的工具。

還有一點要注意的，就是社會各種現象雖是變遷不息，卻有一定的進化程序，前一個現象和後一個現象，其間必含有因果的關係。換句話說，變的現象中，必有其不變的要素存在。那末，歷來法律現象的變遷，也必定可以從中找出一個前後關聯的線索出來。

第四章　原始社會時代的法律現象

我們所說的法律現象，是包括原始社會那些很曖昧的未成法形的法律現象，以及將來社會進化到特別一種狀態時所產生的法律現象而言的。有些學者說：『原始社會是沒有法律的。』他們所說的法律是甚麼意義？我所主張的法律定義是怎樣？本書最後有一章專來討論這個問題，這裏姑且不提及。縱使說原始社會沒有法律，但是當時確已有社會生活，有他的組織，有他的制裁，有他的共同信仰：這些社會現象，究竟應該稱爲甚麼現象？依照我前兩章所說，當然要稱他爲法律現象。

人類在原始社會時代，逐水草而居，或採拾野生菓實，或獵取鳥獸，或捉捕魚類，以充食料：這是所謂漁獵時代。或在澤地草原，利用天然植物，馴養獸類，以供衣食：這是所謂遊牧時代。或在土地肥沃的場所，用人力耕種，而收穫五穀：這是所謂耕種時代。在這幾個時代，他們已逐漸能製成各種工具和武器，以爲漁獵耕種及鬭爭之用；他們既能使用工具以從事生產，則依其勞動的性質，已有老幼男女的分工；他們感着採取食物，抵禦仇敵的困難，已能結羣合作而營共同生活。

我現在先來敍述這個時代的團體制度，經濟組織，和兩性關係。然後再敍述當時的習慣，禁律，及其他一切的制裁。

（一）集團制度　這時候的結羣，以血統爲紐帶，他們自己相信爲同一血統的人羣，結合起來，成一個集團；他們一切生活，都是以集團爲本位，行集團的生產，行集團的鬬爭，以集團佔領土地。他們因畏懼自然，而崇拜自然，向自然祈禱幸福，所以選擇一種動物或植物，做他們崇拜的偶像；並且認一種動物當做集團的祖先，把這種動物做他們的標幟，以爲集團的徵號，這種動物的標幟，叫做『圖騰』(Totem)，所以後來的人便稱他們那種社會爲圖騰社會。

集團是以血統爲紐帶的，這種有血統關係的親屬系統，叫做氏族，氏族就是一個血統的集團，從親屬的關係方面說，他是未分化爲家族本位的一個混合親屬團體；從各分子的關係方面說，他是未發見有個人自私自利而融化各個體爲一體的一個龐大人格。

（二）經濟組織　原始社會是行氏族的共產，他們的不動產，都爲氏族全體所共有，如狩獵的獵場，畜牧的牧場，耕種的土地，都屬於全族共有，不得爲個人所私有。至於動產，如游牧時代的畜羣，漁獵耕種的工具及武器，則爲個人所私有。未墾的荒地爲氏族公有，但已墾熟的地，則分配於各人耕種，定期歸還，個人不得有土地的所有權，而祇有使用權。這時候因生產工具的發達，身體強弱的不同，已有老幼男女的分工，但是分工的勞動，大抵為氏族的集團而勞動，勞動所得的結果，凡關於生活資料的生產物，都是供全族中各個人的消費。

當初一個氏族內的生產物，不和他族交易，後來因生產物的過剩，及生活資料的需要增進，各氏族間開始交易，於是氏族的共產制也漸漸崩壞了。

(三)兩性關係　這時候的男女，在一個氏族集團以內，是可以自由結合，但也不是亂婚制，因為集團內有世代的劃分，世代不同的男女不能結婚，而一夫多妻制或一妻多夫制是同時並行，且有易妻而宿的習慣，故有人稱為羣婚制。至於氏族和氏族之間，因為不肯混亂他們的血統，而禁止通婚，故又可稱為內婚制。

男女分工的結果，生產的勞動，氏族間的戰爭，都為男子所擔任，故男子處於優越的地位，女子便成為男子的附屬品，因此有一夫多妻制。後來有些地方的生活資料不容易獲得，男子常要奔走到遠處去謀生，而家庭的生產勞動漸移入婦女之手，能力薄弱的男子，不但不能養活多數女子，並且不能養活一個女子；於是又變爲一妻多夫制。行一夫多妻制的，便成了父系的親屬；行一妻多夫制的，便成了母系的親屬。

原始社會的組織已如上述，至於當時各種組織所由成立及賴以維持的力量是甚麼呢？當時有一種傳統的習慣和禁律，就是叫做『答布』(Taboo)。

答布是人類社會最初期的一種生活規範，弗洛伊特(Freud)說：『答布不是宗教上的戒律；不是道德上的訓規；也不是法律上的禁令。』因爲當時還沒有宗教，道德，法律等的觀念，但是卻已有混合這三種觀念而未分化的一種傳統的信條，這個就是答布。穗積陳重稱答布爲『法律前之公的規範，』也就是『法律的前身。』

答布的性質究竟是怎樣呢？學者關於答布的學說很多，穗積陳重的遺著法律進化論第三册，可稱爲答布論的大集成。他說文化低級的民族間，對於神怪或汚穢事物有一種禁忌，若觸犯禁忌便要蒙災害，由這種信念所成的習俗，叫做答布。這種信念是怎樣發生的呢？從一般生物自己保存法則上說，凡生物的團體，都有一種『隔離』的自衞作用，兔能疾走，龜有堅甲，軟體動物能放惡臭或毒液都無非要避開他們的仇敵，以保持他們自己的生命安全。原始人類的生活狀態，也是以『隔離』爲保全生命的唯一作用，人類對於猛獸的敵，或同類的敵，以及其他一切汚穢有害的物，都有一種隔離的方法，即對於不可思議的自然力也認爲很容易賜給他們一種災難的，人類爲免災而求福，不得不祈禱自然，畏敬自然，而認自然力爲一個神怪不可侵犯的東西。論語雍也篇說：『敬鬼神而遠之，』可見古時的畏敬自然，既是敬他，還要遠他，便是要隔離他的意思。（參看法律進化論第三冊四八——五七頁）

穗積氏又以爲人類由畏敬自然的感念，漸漸發生信仰的中心，而成爲共同生活團體的基礎，後來便形成國家的組織，實現法律的生活。他說一個團體的成立，必定有『服從』和『協和』兩個要件，猶如物體之有求心力和凝集力一樣，在同一地域內生活的多數人，往往對於同一目的發生親愛或恐怖等感念，這種感念繼續增進，便對於同一目的發生共同服從性，使他們的生活狀態聯合統一，而形成一個永續的團體。如對於同一父母的親愛服從，便有家族團體；對於同一祖先的敬愛服從，便有氏族團體？對於同一神靈的崇拜服從，便有信仰團體。凡羣衆的感念歸向到同一的中心點時，便能成立一個共同生活的團體，這個就是人羣求心力的作用。答布是人類本於生物自己保全的作用而對於自然力的畏敬或恐怖感念所形成的生活規範，後來保持答布者大抵是社會上最有權力的人，或爲藥人或爲祝師，或爲豫言者或爲智勇超絕者，必定爲羣衆所畏敬而服從的，故對於羣衆自有一種統制力，於是漸成立以權力統治的國家生活。照穗積氏這樣說來，答布便是形成一切共同生活團體的基礎，而爲法律生活的源泉，故稱答布是『法律前之公的規範。』

穗積氏又說答布是社會生活之消極的規範，他以爲共同生活團體的第二個要件就是『協和，』而協和的反面就是『不侵。』一個團體的各分子，積極的要互相親愛而協力同時消極的也要各守本分而不相侵害。但是這兩種作用中，是先有不相侵害的消極的規範，然後再發生互相扶助的積極的規範。原始社會的答布是起於排除危害的作用，先由畏敬自然的感念，形成信仰團體；再由畏敬祖先的感念，形成氏族團體；後來由服從權力統治者的感念形成國家的組織：而各種團體生活中最初的規範，都是在制止互相侵害，以保障個人的生命身體及財產的安全，維持社會的秩序，於是有神意或統治權力的種種制裁。這樣說來，答布，就是當初制止互相侵害的規範，後來漸漸演化為法律生活上各種消極的制裁，故稱答布是『法律的前身。』（參看法律進化論第三冊八一——九一頁）

以上所述原始社會的答布，確是一種傳統的習慣和禁律，是社會生活的公的規範，也是個人行為的消極制裁。如當時的圖騰制度，就是他們崇拜動植物以結合團體的答布；氏族組織，就是他們重視血統以鞏固其親屬關係的答布；羣婚制或內婚制，就是他們限制男女關係的答布；共產制，就是他們規定生產消費關係的答布。總之，答布是他們社會生活各種規範的總名稱；凡觸犯答布者，要受一定的制裁，答布又是包括各種制裁方法的一個總名稱。我們所謂原始社會時代法律現象，是可以用這個答布來代表他。

再說原始社會的制裁方法：有假託神意的有以武力或經濟條件解決的。前者就是『神判；』後者就是『復仇』和『賠償。』

（一）神判　神判亦稱禱審，英語叫做 ordeal，法語叫做 ordalie，德語叫做 Ordel，都是由拉丁語 ordalium 轉變而來，可以譯作神判，亦可以譯作禱審。對於有犯罪嫌疑者，不能決其果有罪與否，請於神明，依其所顯示的奇蹟，以爲判罪的標準，叫做神判；審理的時候，使爭訟者以生命身體試探各種危險，由僧侶誦禱語，本其『入水不溺，入火不爇，食毒不死，遇刀不傷』的信念，驗其受害與否，以判其罪之有無，理之曲直，叫做禱審。禱審的習慣，在東西洋古代各民族中都有盛行。其禱審方法，最普通的爲水審和火審，以爲水火所以養人，亦足以害人，而善人爲神所庇護，故必不至爲水火所害。其他禱審方法頗多（參看穗積陳重法律進化論第一册譯本二四——六〇頁）不勝列舉，茲僅撮要說明如左：

（1）水審　有冷水審，是投被判者於水中，依其浮沉以判罪，有以沉者爲無罪，以浮者爲有罪；亦有以沉者爲有罪，浮者爲無罪。有熱湯審，是合水火二元素的審法，使被判者以手探熱湯中，驗其傷否，以定罪之有無。

（2）火審　有燃審，使被判者探手於燃火，或使跣足步行於炭火之上，驗其傷否，以決其罪之有無。有鐵火審，使被判者手捧赤熱鐵塊，或使足蹈赤熱鐵板，或使舌舐赤熱鐵片，驗其傷否，以決其罪之有無。

(3)食審　以麵包一片，供之於神前，由僧侶做祈禱後，使被判者嚥麵包，用種種手段引起被判者的恐怖心，若嚥下時手足發顫面靑而喉塞，則爲有罪。又有米審，聖水審，聖餐審等法，亦都是食審之一。

(4)毒審　以毒物使被判者食下，若吐出而無恙，爲無罪；若中毒，則爲有罪。

(5)觸審　使被判者接觸某物，察其變化，以決其罪之有無。觸審中最普通的爲觸屍審，古代斯拉夫人和條頓人，有『觸屍出血』的信念，就是殺害者若接觸被害者屍體時，其屍體必出血，這種信念滿布於全民族間，故即以此爲判罪之法。歐洲各國，在十七八世紀時，還有行這種禱審法的，因其方法並不慘酷，教會不加非難，故獨能遺留到久遠。

吾國古代亦有觸審法，說文中關於灋字的解釋：『灋，刑也。平之如水，從水；廌所以觸不直者去之，從廌去。』按廌是山牛之類，有一角，性忠直。說文中又有『古者決訟，令觸不直』的解釋，可見古代有以一種動物來試驗被判者，該動物所觸的人，就判他爲有罪。

（6）誓審　使被判者在神前宣誓，如刑事訴訟，被告對神宣誓自己無罪，原告宣誓被告有罪；民事訴訟，原被告各宣誓其所請求者爲眞實。誓審和禱審同以神意爲基礎，但其不同之點：一則依據奇蹟的顯示，一則依據人意的表示；一則即時受罰，一則違背誓言後冥冥中受罰。

（二）復仇　神判是依靠神力的制裁，復仇是依靠自力（腕力）的制裁。原始社會的犯罪，取血族連帶責任的制度，故有血族復仇的習慣，被害者的血族對於加害者的血族，舉行血鬬，就是他們的復仇方法。原始社會又有鬬審法，就是以腕力決鬬爲曲直的裁判，禱審制度衰廢之後，鬬審制度還是盛行，這也是自力制裁的習慣，與復仇有相同的性質。

（三）賠償　原始社會的人類漸覺復仇血鬬的弊害，乃發生賠償制度，當初賠償是用貨物，後來改用金錢，在歐洲北部有『贖罪金』的名稱，贖罪金又分身位金（wergeld）和治安金（fred）兩種。前者是對於一般被害者的賠償；後者是侵犯首領或全族時所科的罰金。身位金的等級，依被害者的身分或其傷害輕重而定。當時的裁判上，關於各種犯罪的賠償額，有一定的標準，成爲記憶法，一般人民都能記誦。

上面所述的各種制度，習慣，禁律，制裁，統稱爲原始社會時代的法律現象。這個時代的法律現象，都未具有法律的形式，或是由於傳統的習慣；或是由於酋長僧侶的經驗；或是由於一個氏族的共同信仰；或是託於神明的威力：這些法律現象的表現，當初祇存在於人人的腦中，後來漸成爲口口相傳的詞句，他的最高程度，也不過是一種『記憶法』而還沒有成文法的發現。

第五章　原始國家時代的法律現象

從氏族社會進到村落社會，漸漸發生國家的體制，我們稱這個時代爲原始國家時代。這個時代的社會生活，有幾個特徵如左：

（一）從氏族本位變爲家族本位　工具的進步，生產技術的專門化，促成男子間的分工。

茂拉萊爾（Müller-Lyer）在他所著的社會進化史裏面，把分工的發達分爲三期：（一）性別的分工，是指原始社會時代的男女分工說的；（二）男子的分工，是指原始國家時代以及資本主義時代民族間的職業分工說的；（三）女子的分工，是指現代的婦女運動以及將來社會新組織時代的婦女勞動說的（參看社會進化史陶譯二〇七——二四四頁。）茂拉萊爾又說：『文明雖然有了大進步，而家庭生活仍然是工作組織上最要的成分。』（同書第一六八頁）

分工發達的結果，氏族的團體破裂了，生產者都以家庭爲其工作的場所，又靠男女的分工以維持他們的生活。於是家庭已成爲經濟的單位，而家族的組織因此穩固。

（二）從血統紐帶變爲地域紐帶　由工具的進步和實業分工的發達，從前依靠氏族的集團以爲生活的，現在都要分散到各處而各自謀生；或尋覓土地肥沃的場所去從事耕種，因其收穫豐裕便在該處安居樂業了；或尋覓交通便利的場所，做他們交換生產品的市場，專靠販賣營利的商業生活，便逐漸繁盛，而他們的生活遂以市場爲中心。於是從前重視血統關係而羣集在一處的人民，到這個時候都不得不隨農商業的發展，而以地域的關係營其共同生活了。

（三）從共產制變爲私有制　由勞動的分工，實業的發達，各人勞動所得的生產物都要歸各人自己占有；處於優越地位的人，還要掠取他人勞動的結果以爲己有；從前供狩獵或牧畜所用的土地，都屬於氏族團體的共有，而現在供耕種所用的土地，則依各人努力的結果，漸歸於耕種者私有了。這時代的經濟權，雖大半操在家長或特殊階級的手裏，但是財產私有的制度確已打定他的基礎了。

（四）社會的階級分裂　從前氏族團體間戰爭的結果，被征服者做了征服者的奴隸，征服者自爲主人，隨時使役奴隸替他們勞動，奴隸不但不能分得他自己勞動所得的生產物，並且連他的身體也爲主人所有，如同貨物一樣。一方面在原始社會時代專在神前做巫覡的人，已取得有優越地位，可以任意指使一般人民，這些人便成社會的寄生蟲。後來產業逐漸發達，財產變爲私有，上述二種人便形成了貴族和僧侶的特權階級，操有政治上和經濟上的特權。

此外還有一種自由民，同時被治於貴族和僧侶的特權階級之下，不過他們是有獨立的人格，在奴隸階級之上，而自成一個階級。

(五)權力統治的勃興　從前原始社會祇有崇拜動植物的宗教觀念，後來人類對自己種族的認識漸漸明瞭，記憶他們過去的家長或族長的偉大事業，便要追念他，祭祀他，於是一變而爲崇拜祖先的觀念。當時體力智力特別發達的人，他能做尋常人所不能做的事，而一般的人往往要依靠他的勢力來維持生活，權力的統治於是乎發生，國家的組織於是乎萌芽。這時代站在統治階級的人大都是貴族和僧侶，他們有時雖仍要借託神意以增加威信，故意說他們的法律是神授的，但是政治的組織和法律的制裁實在已成爲統治的唯一要素。

原始國家時代的社會生活既如上述，爲維持上述的各種生活，不得不有一種明顯的宣示的法律。這時代的法律現象，已不像原始社會時代那樣曖昧隱伏，必定有一種形式的表現。所以有許多學者以爲法律是始於國家生活，沒有發生國家以前，無所謂法律。其實他們祇承認有形的法律爲法律，而不承認無形的法律也是法律，所以有這樣的錯誤。

但是，原始國家時代的法律現象，也還有許多未成法形的習慣或信條，未必都有成文法來表現的。所以我下面敍述各國的法律現象時，是把當時的各種習慣及各派的法律思潮，都包羅在內的。

一　埃及的法律現象

埃及古代傳說有美納斯法典（Code of Menes），爲黑爾姆斯神所授，亦稱爲黑爾姆斯聖典（Hermetic Books），可惜散佚不傳，後世無從稽考。

但是，埃及法的精神，實爲希臘羅馬諸法的源泉，頗富有宗教和倫理觀念。紀元前三千年前，埃及有僧侶，武士，平民三階級。僧侶的地位最高，輔佐國王掌握政教大權。僧侶和武士，佔有全國土地三分之一，而且免稅。平民的人數最多，衹佔有全國土地三分之一，其餘的土地都歸國王享有。平民中又分農民，牧者，獵者等階級，牧者以下，實等於奴隸。自紀元前三千年左右，平民和奴隸起了革命運動之後，王權稍爲衰減，但是政權還依舊在官僚和僧侶之手。不過他的法律已漸見倫理化，如婦女地位的提高；子女須盡孝養雙親和尊崇祖先的義務；債務者的保護；高利貸的限制等都是埃及法的優點。

埃及的政治很注重農業故關於耕地和水利的法律，最先發達。後來商業繁盛，社會的中間階級，大都爲工商業者，故自由訂立契約的權亦逐漸膨脹。

二　巴比倫的法律現象

和埃及法相對的古法，爲巴比倫的古法。一九〇一年二月法國考古家德摩根（Morgan）等在波斯舊都蘇薩（Susa）地方的廢墟內，掘出罕馬拉比法典（Code of Hammurabi），上面雕刻着太陽神授法典於罕馬拉比王的像，表示這個法典是神授的，下面刻有法典十六欄，後面又刻有法典二十八欄，綜計三千六百行二百八十二條，是用楔形文字刻的，這古物是一個圓形的石柱，故稱爲『石柱法。』

罕馬拉比法典是紀元前二千二百五十年，巴比倫的國王罕馬拉比所製定的一部成文法典。法典中關於刑法方面，很注重寺廟物品的竊盜，詛咒殺人畜產的竊盜，逃亡奴隸的收留，以及通衢上的強盜等罪犯；關於民法方面，則有官吏祿田不得出賣，私人土地得以買賣或租佃，土地得爲債權的抵押等規定。

在埃及，買賣須卽時交付價金，而在巴比倫，則買主得於契約成立後，再付價金。這種關於商品交易契約的發達，可見當時巴比倫的商業是很繁盛的。

巴比倫的家族制度，是很重父系的家長權，以家族爲其基本的勞動組織。婚姻是依契約而成立，沒有契約的，不能作爲正妻。隨妻出嫁的侍女，夫得收之爲妾；妻不生子，夫可以娶妾；妾若無子，妻可以把妾賣掉他。家長有替兒子訂婚，及授給女兒以妝奩的權。父的遺產，應由兄弟平分；女出嫁時，父若沒有給過妝奩，則父死時，可與兄弟同分其父的遺產。遺產於法定繼承以外，被繼承人得以遺囑定其財產的處分。

巴比倫亦有奴隸制度，奴隸的地位很低，但是經商致富的奴隸，則可解放爲自由民。婦女雖可以買賣，但是婦女卻有營業自由的權，可見巴比倫是很重生產事業的。

三　猶太的法律現象

猶太的法律，以宗教思想爲基礎，舊約全書中，記摩西（Moses, 1571-1451 B. C.）帶領以色列人，脫離埃及，到西奈曠野，上帝傳授以十誡，後人稱爲摩西的立法，這顯然是教會人所僞託的。其實摩西的法律，多半是繼受罕馬拉比法典，再參以猶太人宗教觀念而成的。

猶太以農立國，故其法律以農業生產爲中心。他的農業法，用抽籤的法，把地主的土地分配於以色列人，但五十年後須歸還地主，這就是禁止土地買賣，防制大地主兼倂土地的法律。其他如農田耕種了六年之後，第七年須停種一年，以休養地力；穀物必須純淨；畜牧不得配合異種；商品必須誠實；金錢或食品的借貸不得以利息爲目的等：都是助長產業保護平民的法律。

猶太也免不了有奴隸制度，奴隸可以買賣，婦女也可以買賣，這是猶太宗教觀念上，輕視婦女人格，承認人類有不平等階級的一個明證。

四　印度的法律現象

雅利安人種的遊牧民族侵入印度之後，建立宗教國，依農業的發達，以村落社會爲基礎。他的民族分裂爲貴族，僧侶（婆羅門，）庶民，賤民四個階級。前三個階級，是屬於征服民族的雅利安人；賤民屬於被征服的民族。貴族和僧侶，專從事政治及宗教，寄生於第三第四兩階級之上；庶民則經營工商業；賤民則專服農業的勞動。

紀元前五百年（一說二百年），有稱爲印度聖人的馬魯（Manu），製定各種法律，就叫做馬魯法典（Manava Dharmasastra）。當時婆羅門教徒的勢力很盛，他們奉馬魯法典爲統治的工具，嚴守四姓的階級，不許賤民參與司法，但是國王也有遵守法律的義務。

馬魯法典中，關於行政法，民法，刑法，以及交通，鑛業，水利等，都有詳明的規定。又因商業的發達，契約法中極重契約自由。但是對於債務人則很苛刻，債權人得以自力扣押債務人的財產，國王不得干涉。不過利率卻有限制，利息的總數不得超過原本。

刑罰依身分的高下，以定輕重。下級身分對於上級身分的侵犯，處刑極重，而最大的犯罪，是殺害婆羅門教徒。姦淫的刑罰亦頗嚴，因爲姦淫可以混亂四姓階級的血統。

家族制度，是以父權爲中心，重祖先崇拜的觀念。但是，家族卻是一個共產制的團體。

五　希臘的法律現象

希臘是一個文化最發達的古國，後人稱他爲法律和哲學的搖籃地。希臘本是一個小國，還要分成幾個小邦，各小邦的法律都不一致。如在克拉底島（Crete）則有彌諾斯（Minos）王所編訂的彌諾斯法；在斯巴達（Sparta），則有萊克格斯（Lycurgus）王所編訂的萊克格斯法；在雅典（Athen），則有德拉固（Draco）所編訂的德拉固法，及梭倫（Solon）所編訂的梭倫法。其中以梭倫的立法，最爲著名，這是因爲雅典的文化影響到後代較爲顯著的緣故。德拉固的立法，失於太嚴酷，偸一二個園菓，或懶惰不做事，便要處以死刑。後來有人說他的法律，不是墨寫的，是血寫的，故有『血法』的稱號。斯巴達的法律，很注重尙武教育，在教育史上，頗有名聲。

希臘是一個都市國家，以商業資本爲實業的基礎。如雅典，在紀元前七百年前，商業資本已經把從前的民族制度打破了。雅典的商業雖日見發達，但是流動財富集中於少數人之手，而多數市民都是寄生的貧民。他們很鄙視勞動，以爲勞動是奴隸的專職，所以自安於淫逸生活，畢竟免不了自然淘汰。

原來希臘是一個奴隸最多的國家，據紀元前三百零九年的調查，在科林脫（Corinth）有四十六萬，在雅典有四十七萬，在伊齊那（Ægina）有四十萬，平均奴隸的數，約佔總人口十分之七八。勞動爲奴隸的專業，自由市民是專從事於學問，故希臘的文化是貴族本位的國家的組織，法律的規定，亦都着重於貴族的權利。

希臘的貧富不均，階級懸殊的現象既如此，所以梭倫立法（在紀元前五九四年）的目的，在調劑貧富，解放奴隸，建設平等的社會。可惜他沒有澈底的主張，他的法律仍是『貧者富者一體保護』參政權以財產多寡爲標準，終免不掉以富人爲政治中心的弊病。

後來柏拉圖（Plato, 427–347 B. C.）倡『理想國』的學說，想來矯正希臘的積弊，他以爲國家是適應人類的需要而生的。人類的需要：第一是食，第二是住，第三是衣，都市國家便是供給這三種需要的社會。他祖述蘇格拉底（Socrates, 469–399 B. C.）的國家定義『國家是應人類需要而生的；人類有許多需要，無論何人都不能自己供給自己的；我們既有許多需要，並要許多人來供給這些需要，這個人爲這個目的要得別人幫助，那個人爲那個目的也要得別人的幫助；這些互相幫助的人合住在一塊的時候，這個合住的團體便叫做國家。』柏氏根據這個國家起源說，更說人類在社會上有分工的必要，看他的共和國(The Republic)中所說：『我們不是生來就是彼此一樣的；天性各有不同，有的長於做這件事，有的長於做那件事，……如果一個人在適當的時間，做他天性相近的事，把別的事讓給別人去做，那末做出的數量必更加多，方法必更巧妙，品質必更優良。』柏氏又根據人類天性的不同，分爲三個階級：第一，是哲人階級；第二，是武人階級；第三，是農工商階級。哲人階級治國；武人階級護國；農工商階級富國：這樣的分工合作，自然能實現他所說的理想國家。

柏氏又主張共產共妻共子的主義，不過他的基礎是完全建立在倫理的觀念上，和近世的共產主義把基礎建立在經濟的觀念上，完全不同。

柏氏當初是主張哲人治國，就是『人治，』而不重『法治，』所以看輕法律，而把政治和法律分開。因爲他所觀察的法律來源，不是民意，而是君主的命令。所以他主張治國的要道在『德，』不在『法；』在『正己以正人，』不在『執法以強人。』但是他到晚年的時候，對於法律的觀念又改變了，他感着哲人政治和共產主義是行不通的，於是不得不降低他的理想，來講次一等的善政，而要編訂一種確定社會生活的法典，拿來支配實際政治。如從前是主張廢止家庭和婚姻制度，現在卻承認有家庭生活和結婚生活的必要了；從前是把法律放在執政者的下面，現在卻把法律放在執政者的上面了。以爲法律的效用，不但是消極的事後制裁，而且是積極的事前輔導。並且要法律的內容包括道德的全體，他在法律（The Laws）中說：『立法者當制法的時候，不能以一部分道德爲目的，應該以全體道德爲目的。』總之，柏氏的政治法律的思想，處處離不掉道德觀念，他始終以道德爲國家生活最高的目的。

柏氏最得意的弟子就是亞里斯多德（Aristotle, 384–322 B. C.），但是亞氏的政治思想比柏氏實在得多，他以爲政治必定要適合於社會特殊的情形，人類實際生活，不得專憑一己的理想。他說：『人類是政治的動物。』人類要得着安寧幸福，必須有國家生活。人類爲謀生殖，故有男女的結合；人類有勞心和勞力的分工，故有主人和奴隸的結合。有了男女主僕的關係，自然發生家庭制度，家庭連合而成村落，村落聯合而成國家。所以他說：『國家是自然發生的，不是由人意創造的。』人類不但謀社會生活，並且要求一個至善的社會生活，至善的社會生活就是國家，國家不在乎能滿足人類的經濟的需要，而在乎能夠滿足道德生活或精神生活的要求。所以國家中的法律，不但是彼此權利的保障，並且是國民善良公正等道德的模型。

亞氏以爲組織國家的分子就是市民，市民是有參與司法和做官的權利。那些不能作政治活動的人，就是奴隸，不能認爲市民。因爲奴隸是生產的要素，就是一種工具，他祇有體力，沒有智力，所以祇配做奴隸。他說：『一切生物都是由精神和身體構成的，一個是天然的治者，一個是天然的被治者。』亞氏是把道德生活放在第一位，把經濟生活放在第二位；做經濟活動的人，大半沒有道德思想，所以不配參與政治。這種看不起經濟的心理，及其以人類有天然階級的觀念，是希臘人的特性，亞氏也還免不掉這種成見。

亞氏既以政治爲賢人的專業，所以一切法律也都應該由賢人制定，不必問愚民的意思如何。

這個見解是和柏氏相同，不過柏氏是承認主觀的法律，而亞氏是主張客觀的法律，客觀法律的標準就是『理智，』他說：『人類有慾望，有感情，如果得到了最高政權，雖是善人也要被情慾所驅使，不免要做出壞事來。所以眞正的法律，祇是這個排除情慾的理智。』亞氏也是承認『法律自然說』的，不過他以爲自然雖是普遍的原理，若沒有經過人工的採用和編製，也不能成爲法律，這是亞氏對於自然法和人定法的區別，也就是法律和自然的天理之區別。

自馬其頓(Macedon)王腓列(Philip, 382–336 B. C.)及其子亞歷山大(Alexander The Great, 356–323 B. C.) 征服希臘各邦之後，希臘人的政治思想爲之一變。他們感着都市國家的組織不堅固，勢力太薄弱，不如離開國家而自謀生活，於是發生一種『個人主義』；感着從前自然的道德的國家太理想了，又發生一種『功利主義。』在另一方面，他們又覺得國家不是自然生成的，要靠人類的理性和愛情來結合的；而人類的理性就是宇宙眞理的一部分，人同此心，心同此理，異族的人未必都不及我希臘人的文明，我們不應該再存種族階級畛域等區別的觀念，以自取覆滅，於是就發生一種民胞物與的『世界主義。』

代表個人主義和功利主義的思想的，就是依壁鳩魯派（Epicurean）。這派的始祖就是伊壁鳩魯(Epicurus, 342–270 B. C.)，他的思想是淵源於迪莫克里篇(Democritus, 460–362 B. C.)的原子說(atomist)，以爲宇宙是無數原子結合而成，是無意識的，無目的的；人類也是許多物質的微塵偶然湊合成功的。我們既覺得人生是暫時的，便應該自求快樂，不應該自尋煩惱。世界上一切快樂都是善，一切痛苦都是惡；凡是能幫助我們得快樂的都是善，凡使我們發生痛苦的是惡。這種思想，就是近世『功利主義』的發端。

伊壁鳩魯又回想到近百年來希臘內部的戰爭，又目覩腓列的雄兵征服希臘，亞歷山大的武力統一歐亞；曾幾何時，亞歷山大死了，他的部下又分城掠地，互相殘殺起來。當此干戈擾攘，人人自危的時候，誰還信服國家的組織是可靠，政治武力是能保障人民的生命財產於永久呢？伊氏以爲人類最緊急的問題，就是『怎樣以自己的能力救濟自己？』

伊氏再把他的『快樂』『幸福』的觀念，和這個『自救』『自利』的觀念聯合起來，他以爲凡是快樂，總是有利於己的，因爲有利於己，所以叫做善；凡是痛苦總是有害於己的，因爲有害於己，所以叫做惡。他所以把道德，哲學，政治，法律等，都看做自身沒有價值的東西，他的價值全在能爲人類謀利益，得快樂。

國家社會若是建設在個人利益之上的，我們可以承認他，否則便要否認他。人類服從國家，祇因爲國家能夠替各個人謀利益；服從法律，祇因爲法律能夠保障個人自己的利益。以個人自己利益爲目的，來組織國家，擬訂法律，這就是後世『民約論』的先聲。

至於快樂是以甚麼爲標準呢？伊氏乃提出『正義』兩個字，而正義的出發點便是『友愛，』所謂友愛，就是彼此不相侵害，要相輔助。人類有這種『不相侵害而相輔助』的契約，然後有正義與非正義的分別。人的行爲合乎正義，便生快樂；反乎正義便生苦痛。可見伊氏所主張的快樂，是精神上的快樂，就是『從心所欲』的快樂。

法律就是『不相侵害而相輔助』的契約，所以法律和正義是一致的，他的目的雖說是在友愛，其實歸結在利己，伊氏說：『除了爲自己利益之外，再沒有人去親愛別人，』這可稱爲極端的利己主義了。

和伊壁鳩魯派相反而代表當時世界主義的思想的，就是斯多噶學派(Stoics)。這派的倡立者是哲儂(Zenon, 336–164 B. C.)，而哲儂的思想是繼承犬儒學派(Cynics)。犬儒學派的始祖是安體斯庭(Antisthenes, 444–365 B. C.)，他是蘇格拉底的學生。蘇氏以爲『道德卽知識，』『政治卽藝術，』他是政治和道德並重，不過以政治爲方法，道德爲目的。而犬儒學派卻拋棄政治而專講道德。所以蘇氏先國家而後個人，犬儒學派卻偏重個人而鄙棄國家。犬儒學派不但要廢棄國家和政治，並且要廢棄一切經濟生活和人爲的道德。他們不要家庭和國家等社會生活；他們以爲人類生活中不應該有貨財，名譽，權力等條件。這派的憤世嫉俗，可說達於極點，當時的人說他們這樣咒罵現實社會，有如『猛犬狺狺吠人，』故稱他爲『犬儒學派。』

但是犬儒學派並不是厭世派，他們要推倒一切人爲的文明，離開人爲的國家，回復到自然世界。這個自然世界是『無爲而治』的，沒有一切聲色貨利的誘惑，有一種最高尚的自然道德。

斯多噶學派繼承着犬儒學派的學說，恰當亞歷山大破壞了希臘的民治政體之後，於是想打破目前國家的現象，另外來組織一個理想的國家。他們以爲宇宙有普遍的眞理；人類有共同的理性，且就是宇宙眞理的一部分。人類行爲的規範，要適合宇宙的自然法則，因爲宇宙是最有秩序的，最和諧的；人類的最高理想，就是適合自然法則的生活；實現了這種適合自然的生活，便是理想的國家。這個國家當中所有的法律，都是『自然法；』所有的權利，都是『自然權利。』人類同是『大自然』所生的嬌兒，同具一樣的理性，同有一樣的權利，所以要結合一個全人類共同生活的國家，就是『世界國家』（world-state）。這個國家裏面的人民，叫做『世界的市民；』國家之內的法律，叫做『世界的法律。』

自然法（jus naturale）的觀念，在斯多噶學派以前，已經發達了。我在前面是沒有把各家對於自然法的學說明白敍述，現在再來補述一下。

蘇格拉底說：『大地之上，人性各不相同，又東西南北互相隔絕，怎樣能夠互相知道呢？但是各人皆希望有同一的眞理，這就人類中自然法所以存在的原因。』

柏拉圖說：『共和政府的主要目的，在確實承認自然法可以存在，人定法恰同那不完全的影子一樣，故順從自然的權利而謀生活，乃是賢哲的計畫。』

亞里斯多德說：『人類本是社會的動物，法律實在是完成這種性質的東西，故必定要適合自然法的纔是眞正的法律。』

到了斯多噶學派時代，希臘的都市國家已經完全打破，文化不同，種族不同的人類都混合在一處，希臘人又想運用他們政治法律的天才，鼓吹一種學說來支配萬民，所以自然法的觀念便更加風行一時了。

後來羅馬的法學家採用斯多噶學派的學說，居然實現起來；近世的自然法學派在法學界中占了重要地位，追宗述祖，大家都推崇斯多噶學派。

以上所述希臘時代各派學者的政治法律思想，都是當時社會現象的背景，而爲後世各國一切法律制度和法律學說的根據。這些材料雖是屬於思想史的範圍，但是我以爲凡學者的思想，決不是靠着他主觀的理性憑空揑造出來的，而都是當時社會生活的一種產物，或者是過去社會生活的一種反響，也就是將來社會生活的一種新要求。從希臘時代進到羅馬時代初期，這一百多年間的社會生活，是古代歐洲中土變化最繁劇的一個時代，也是人類生活的新要求最激烈的一個時代；這個時代的社會思潮，實成爲近世紀『文藝復興』運動的源泉，也就是從十九世紀到二十世紀這幾十年間社會改造運動的先聲。我們試看蘇格拉底所說『國家是應人類需要而生，』柏拉圖所說的『分工合作，』亞里斯多德所說『政治要適合社會生活的特殊情形』等原則，恰和本書第三章內論法律現象發生的原因時所引述各種學說若合符節。我們再看伊壁鳩魯所主張的『國家社會應該建立在個人利益之上，』『法律是不相侵害而相輔助的一種契約』等說，恰和本書第三章內引述現代法學家滂德(Pound)所主張的『利益的理論，』及第四章內引述現代法學家穗積陳重所說共同生活團體的二大要件『協和』與『不侵，』又是相吻合的。至於斯多噶學派所抱的『要結合一個全人類共同生活的國家』那一種理想，尤和現代社會主義派所希望實現的『大同世界』，是不約而同。

總之，社會生活的事實，古今雖異其形態，而社會生活的根本原則，是古今同出一轍的。我們研究各個時代的法律現象，不可不明瞭當時社會現象的背景——關於政治法律的各種思想，因為這個既是未來的法律現象所由發生的因，同時也是過去的法律現象所結成的果。我在前面會經說過，本書的任務，雖是敍述法律現象的變遷，但是我所謂法律現象，並不是專指法律制度而言，凡在社會生活上發生拘束力的各種習慣，以及各派學者關於法律的思想，都是包羅在內的；不但本章的取材如此，後面幾章的態度也都是如此。

六　羅馬的法律現象

羅馬從紀元前七百五十三年建國以來，到紀元前四百五十年止，都是適用習慣法，還沒有成文法，學者稱他為習慣法時代。

在紀元前四百五十四年，羅馬政府派遣專員到希臘各地考察法制。紀元前四百五十一年，更選任編纂委員，幫同考察專員把考察所得資料，制定十二個表的法律條文，刻在銅板上，宣布於衆，這是叫做十二表法（Law of Twelve Tables）羅馬的成文法從此起。其後約一百五十年間，適用十二表法，沒有甚麽修改，學者稱這個期間爲成文法起源時代。

從紀元前三百年以後，羅馬的司法官和法律學者，對於現行法律，多有批評及修正。紀元後二百年左右，羅馬政府先後選任了五個法律學者，專任修改編纂法律的職務。這五個學者，就是巴比尼亞納斯（Papinianus），烏爾比亞納斯（Ulpianus），格烏斯（Gaius），包拉斯（Paulus），穆特司替納斯（Modestinus），世稱爲羅馬五大法學家。從紀元前三百年起，一直到羅馬法典完成爲止，學者稱爲成文法發達時代，或稱爲法典編纂時代。

到了查士丁尼（Justinianus, 527–565）大帝時代，把五大法學家所編的各種法典，並蒐集紀元前一世紀以來三十九個法學家的學說，制成一部羅馬法典（Corpus juris Civilis），他的內容如左：

（一）學說彙編（Digesta），是採集三十九家學說編成的。

（二）法令類編（Codex），是蒐錄歷代帝王的勅令編成的。

（三）法律教典（Institutions），是把法典的內容分爲人的法，財產法，訴訟法等若干部分，撮要編輯，頒作全國法律學校教本的。

（四）新法典（Novellae Constitutions），是查士丁尼大帝於五三五至五五六年間，把歷次修改舊法的勅令編纂而成的。

以上第一部至第三部，是查士丁尼大帝在五三三年至第二年兩年間所製成公布的，故亦稱爲查士丁尼法典。合查士丁尼法典和新法典，綜稱爲羅馬法典。四部合計，凡二千卷三百萬行。學者稱查士丁尼大帝時代，爲法典完成時代。

羅馬本來是一個農業國，而奴隸制度早已存在；奴隸之上還有佃奴，就是半自由的奴隸；佃奴之上爲平民，平民祇享有一部份的市民權；市民之中，有貴族，有地主，操一切的政權。貴族和地主使奴隸替他們種田做工，管束極嚴，毫沒有自由。當時的市民權，分公權私權兩種，這些權利，祇有市民可以享受。規定這些權利的叫做『市民法』(Jus Civile)，市民權的限制極爲嚴格，故學者稱他爲『嚴格法。』羅馬社會的單位就是家族，一個家族可以有幾十百個奴隸；家長就是貴族，或地主，是私法上及公法上的主體。一家之內祇有家長有行爲能力，凡交易權，財產權，婚姻權等，都在家長一人之手，子女須絕對服從其支配，奴隸更不消說了。財產權是絕對的，財產權的行使，不受法律的限制；債權也是絕對的，債務人如不能履行債務時，則其生命自由完全受債權人的支配。契約法則取干涉主義，契約有一定的方式，有一定的種類，凡法律所不許或不合方式的契約一概無效。

這種嚴格的市民法，到後來因時勢的變遷，漸漸失了他的威嚴，而起了兩種改革運動：第一，就是平民和奴隸受不起這樣的壓迫，屢次起來反抗，當時平民和奴隸的人數是很多，而且生產勞動者都是屬於平民，佃奴，奴隸等階級，貴族和地主都寄生在這些階級之上，究竟當不了下層階級猛力反抗。於是不得不把市民法開放了，使平民和半自由民也漸漸得享受市民法的權利，如十二表法的公布，就是打破階級差別的新紀元。

第二，就是羅馬人以外的民族，來到羅馬都市通商的人一天多一天，市民法既不許異族適用，且亦不合宜於商業上的行爲，於是管轄異族的司法官，感着市民法的狹隘，便逐漸以命令修改了，擴充他的適用範圍，而產生一種『萬民法』(Jus Gentium)，這就是打破種族界限的新紀元。

這時候的羅馬，已漸漸由農業國進爲商業國了。當紀元前一世紀的時候，有一位法學家西塞羅（Cicero, 106–43 B. C.）應運而生，他繼受希臘柏拉圖和亞里斯多德的政治思想，且完全祖述斯多噶學派的自然法觀念，主張國家權力的基礎完全放在全體人民的『同意』上，人民是天然平等的，應該人人都有參與政治的職分。他又主張羅馬應該組織一個能夠包容許多文化種族不同的國家而聯合成一氣的世界帝國；並且應該制定一種能夠適合許多文化種族不同的民族而以正義相結合的世界法律。他以爲『正義』是自然的原理，是一切法律的淵源，祇有這個從自然生出來的法律，纔是通行萬國萬世而不變的法律。從此羅馬政府和一般學者，都覺得那種嚴格的狹隘的市民法是不合時宜，更努力來做改造法律的運動了。

後來五大法學家的編纂法典，亦都以自然法爲根據。如格烏斯是把萬民法看作同自然法一樣，在他所編的法律教典中有說：『大凡一國必定有本國固有的法律，和萬國共同的法律。前者是國民制定的，叫做市民法；後者是根據自然的道理而來，叫做萬民法，是因爲萬國都用這種法律；或又叫做自然法，因爲他是根據自然的道理而生的。」格烏斯又說萬民法有兩個最重要的意義：（一）萬民法是普遍的原理，這種原理是一切人類所公認的；（二）萬民法是自然法的眞理所教導人類的原理。

又有許多學者以爲萬民法和自然法有區別；前者是人類國家所專有的法律，後者是一切動物所共有的法則；前者是承認人類有貴賤階級之分，後者是承認人類生而自由，毫無差別。他們雖是如此區別，但是仍舊主張法律應該以自然法爲根據，人類中不應有階級的差別。

羅馬的法律中，雖仍不免有市民法和萬民法的對立，但是一般學者都以爲無論市民法或萬民法，總應該以自然法爲根據。市民法和萬民法都是人定法，這種人定法顯然和自然法有些區別，不過人定法也不是由立法的人可以任意制定，都應該根據自然和正義的原理來制定。人類制定法律的時候，把自然法中的要素丟掉的越多，他所制定的法律越不普通；若把自然法的要素完全丟掉了，他所制定的法律雖對於很小部分的人也必不能適用。

羅馬自建國初至第六世紀上半葉，一千三百年間，由農業國漸漸進到商業國，其間有許多富有法律天才的學者和政治家，爲適應各個時代的社會情境，不斷的把法律改訂，由市民法漸漸進到萬民法，最後成了一部空前的大規模法典。這部法典確能適應後世各國的社會情境，所以羅馬法的勢力至今還是存在。德國法學家耶爾林（Thering，1818–1892）在他所著的羅馬法的精神中說：『羅馬曾經三次征服全世界，統一各民族；第一次以民族武力統一羅馬國；第二次，以教會勢力統一中古時代歐洲各國；第三次，以法律精神統一千餘年後的世界各國。』

第六章　封建制度時代的法律現象

甚麼叫做封建制度（feudal system）？一國的君主以爵位和土地封他的功臣或皇族，所封的土地是叫做封土或采邑（manor or fief），受封的人是叫做諸侯（lord or vassal）。

諸侯不但兼有貴族和地主兩種資格，並且在他的封土範圍內有統治權，儼然成爲一小國王。一國的領土分成若干小國，封立若干諸侯，而一國的君主祇有指揮諸侯，享受朝貢的一種最高統治權。這樣的政體是叫做『封建制度，』但是這不過是封建制度最初發生時的一種情形。

我們現在所要講的封建制度，另外還有一種很複雜的意義；他的發生，不是出於君主的命令，也不是出於諸侯的本意，而是由於社會階級的分化和經濟關係的變遷之一種自然的趨勢。

當君主的威嚴減損，中央的權力衰落以後，羣雄蠭起，互相侵略，各地的安危，沒有人負責。於是全國資產階級不得不謀自衞之計，或由大地主分給他的領地於各小領袖使成爲附屬(vassal)，以作屏藩；或由小地主自納其土地於有勢力的大地主或寺院，自願做他的附屬，以求庇護。當時的大小地主就是大小諸侯，互相呑併，互相依附，或內部分裂的結果，便成了諸侯與附屬層層相對的關係。這種關係當中，實行有『臣服的禮制』和『忠順的誓約，』叫做『封建的約束』（feudal bond），這是形成封建制度的第一個特徵。

從原始國家時代以來，奴隸制度極爲嚴苛，奴隸幾等於牛馬，日間爲主人做工，夜間還要受監禁，毫沒有身體的自由。後來有一部份的被解放的，叫做半自由的奴隸，就是佃奴，他可領種地主的土地，每年納其收入的一部分於地主，地主也要干涉其生活，如婚姻等事，須得地主的許可，纔得實行。佃奴的妻子還得要替地主盡種種工作的義務，如紡織，縫紉，烹飪等事，都是完全由佃奴的家族擔任。這時候的奴隸和佃奴實已形成了生產的勞動階級，而保有土地所有權的貴族和僧侶，都是寄生階級，他們的生活資料專靠勞動階級供給的。工具進步，生產技術發達的結果，奴隸和佃奴的生產能力愈加增進，而貴族和僧侶的生產能力完全缺乏，一旦奴隸和佃奴羣起反抗，貴族和僧侶便無力抵敵，結果，奴隸和佃奴漸漸解放了而成爲一種自由民。自由民可以保有自己勞力所得的財產，有經營農工商業的自由，所以有自由地主，自由商人，自由手工人之分。產業發達的結果，自由民的財產漸漸富裕了，自由民的人數也漸漸增加了，他們便形成了一個資產階級。這個資產階級便是當時新發生出來的一個『中間階級』，他們的下面有奴隸階級和半自由民階級，上面有僧侶和貴族的階級——統治階級。這個中間階級隱然和統治階級相對抗，可以牽制僧侶和貴族的專橫，這是形成封建制度的第二個特徵。

生產的程度增高，交易的範圍也擴大了，交易是以都市爲中心，商人的勢力都集中在都市；同時大商人已得着參政權而加入於統治階級，小商人雖沒有參政權，也可以站在中間階級，隱然的干涉政治，於是政治的勢力便漸漸分散到各都市去了。一方面統治階級的人數隨着經濟的發展而增加，政治的範圍也逐漸擴大，勢必釀成分裂的狀態；況且那時候的王權旁落，地方的大小諸侯可以各自爲政，強者吞併弱者，小者歸附大者，整個的國家已呈露分崩離析之象。再加以新興的大小商人羣相依輔，這個城市便儼然成了一個獨立國，而演出極端的『地方分權』的政治，這是形成封建制度的第三個特徵。

自由民的產業發展，固可以提起經濟勢力，時常和封建諸侯的政治勢力對抗。但是市民階級——中間階級——終不能脫離隸屬的關係；統治階級的政治權力，對於經濟還能發揮着很大作用。加以生產技術還沒有達到社會化的程度，而自由民始終要受着手工業行會規則，商業行會規則，農商業上各種禁令的限制，仍然不能自由發展。這種『經濟的束縛』就是形成封建制度的第四個特徵。

農業國家，以土地資本爲基礎；都市國家，以商業資本爲基礎。商業資本發達的結果，必定要使土地貴族逐漸崩壞，這是經濟進化的必然途徑。但是當中古時代的初期，商業資本雖已漸次發達，而土地貴族還是依然存在；商業發達雖可以促成封建制度的勃興，而封建制度的隸屬關係卻又足以阻礙商業經濟的發展，反使土地貴族得着一個新保障。這樣的土地貴族和商人貴族朋比並存，農村勢力和都市勢力兩相對峙，確是社會進化歷程中一種『矛盾的現象』，這便是形成封建制度的第五個特徵。

原始國家時代，王權逐漸發達，神意不過爲統治者假托以增加威信的一種工具。一到中古時代，教會的組織頓開新面。教會好像是一個國家，可以有領土，可以收租稅，有法律，有法庭，並有監獄；教皇統領全國教會，有立法行政及司法的最高權；教皇之下有大主教，大主教之下有主教，都可以管理或干涉各地方的政務。這個時代的國王，內部既受封建諸侯的僭越，外部又受教會的牽制；當時國家的主權究竟是在國家呢？在教會呢？在君主呢？在教皇呢？實在是弄不明白。這種『政教混合』的現象，就是形成封建制度的第六個特徵。

以上幾個特徵可以用一句話總括起來說，就是『主從關係』和『矛盾現象』罷了。當時的大小地主各自率領着無數佃奴，佃奴都各爲其主，主僕間的關係極爲嚴密，而和外界可以不相往來，故頗重宗族的觀念和地域的觀念，這是封建社會第一種的要素。統治階級中有貴族，僧侶，有大地主，有大商人，互相牽制，各不相下；因實業發達，政治勢力分散到各都市去，都市生活是重商而輕農；因宗教的專制，政治權力又一半移到教會裏去，而教會生活又是重農而輕商；資產階級——市民階級——的經濟勢力可以防止統治階級的專橫，而統治階級的政治勢力也可以阻遏商業經濟的發展；這些互相束縛的矛盾現象，就是封建社會第二種的要素。總之，封建社會是一個不統一的社會，一個不進化的社會。

這種封建社會的法律現象，當然也是紛歧的，複雜的，因襲的，宗教的，不但沒有勝過原始國家時代的特色，而且有退到原始社會時代的趨勢。要研究封建制度時代的法律精神，可以把日耳曼民族的習慣法拿來做代表。

日耳曼民族的組織，原是氏族制度。征服了羅馬以後，繼承這個權力統治的國家，當然不能再適用他的氏族組織。但是日耳曼民族的社會中，卻有幾種要素很能適合封建社會的。

第一，是人和人的隸屬關係，就是族長與族人間的忠勤關係。日耳曼人的上級對下級有封建的特權，同時也有保護的義務；下級對上級有服從的義務，同時也有受保護的權利。這種忠勤的觀念，恰和臣服忠順的『封建約束』相吻合。

第二，是土地總有權的制度。就是許多人同有一個土地所有權，以衆人的力量在共同的土地上耕種，把土地的全部收穫分配於衆人，但衆人之間不是平均分配，因各人的權利有大小，他們所享受的利益亦有多寡，這種總有權的觀念，恰適合於封建制度的大地主，小地主，佃奴，及奴隸等層層差別的待遇。

日耳曼的法律是氏族制度的遺物，族長或家長的權很大，對於族人或家屬的主從關係很爲嚴格。土地財產雖似共有，但階級的差別又很分明；各級的權利有一定限制，而上下級相互間權利義務的關係卻是很公允；彼此以忠勤的觀念相結合，不含有壓迫強制的性質。他們的法律是重習慣，不重統治權力，所以是種族的，地方的，不統一的。

日耳曼的法律沒有裁判的程序，亦不重證據。他們的審判方法：第一，是宣誓法，訴訟人在辯論前先宣誓他所說的話必定是眞實的，並請同階級的人亦來宣誓證明他所說的話是眞實的，若宣誓有虛僞，當受神的譴罰。第二，是格鬬法，訴訟人雙方的本人或請代表，舉行格鬬，以勝負定曲直，以爲直者當蒙神祐，可操必勝之券。第三，是神判法，使訴訟人的手浸於沸水中，或手提或足蹈赤熱的鐵塊行走若干時，到三日之後，手足若無傷痕者爲直，否則爲曲。以上各種方法，完全沒有脫離原始社會的習慣（參看本書第四章原始社會的法律）到中古時代，日耳曼民族中還是通行這種法律，凡被日耳曼民族所征服的地方，亦有適用這種法律的。

中古時代，在一個封土內居住的人民，都有互相扶助，互相親愛的精神，因爲他們同在一處田畝之上作工，同屬於一個地主，同到一個禮拜堂做祈禱，和外界是不相往來的。一個封土內，大抵都有一個『法院』佃奴如有爭執的事，同到法院中請求裁判，田畝的經界如要重行劃分，亦在法院中決定。

當初的地主可以自由傳喚市民或佃奴到法院，聽憑他裁判一切。後來市民有組織『自治團體』的，商人則有組織『同業公所』(craft guild)的。地主爲謀都市的繁盛起見，亦不加以干涉，地主的特權從此便有限制了。

封建社會以上下互相牽制爲維持秩序的原則，當時君主的勢力要受各地方封建諸侯或各都市團體的限制，上下級間往往結有一種契約來規定權利義務的關係，如英王約翰於一二一五年所頒布的大憲章(Magna Charta)，就是當時英王和封建諸侯(貴族及僧侶)所結的一種契約，以限制國王權力的，這個就是英國憲法的起源。

都市中亦有一種憲章，就是地主和自治團體或同業公所所訂的契約。憲章中有限制地主任意傳喚市民到法院處罰的規定，並列舉地主可以徵收各稅的種類，凡從前的苛稅及徭役都逐漸廢止或改訂了。

當十二世紀時，英法等國的都市中大都有憲章規定市民的權利，並承認自治團體和同業公所的組織。如法國聖德奧麥（St. Omer）城的憲章中，亦有刑法的規定：『凡犯殺人罪者，不得藏匿在城中，如畏罪逃避者，則毀其住宅，並沒收其財產；罪人如欲回到城中居住，須先向死者的家族講和，並須罰金十鎊，一半歸地主的代表，一半繳納到城中自治政府作爲建築城市礮臺之用；凡在城中毆打人者，則須罰銅幣一百枚；凡拔他人之髮者，罰銅幣四十枚。』

當時的同業公所，一方面固爲維護工人的自由和獨立，一方面卻又足以阻止工商業的進步。凡未加入某種同業公所的人，不得從事於某種職業；凡少年人如欲學習一職業，必須做過數年的徒弟，住在店主家中學習，沒有工資，出師後，工資亦有限制；店主收受徒弟極爲嚴格，出師年限，少則三年，多則十年，學成一種職業頗不容易，因爲要防止工人的人數增多，所以不得不如此。照這些習慣看來，可見封建社會的法律，處處着重『主從的關係，』並且採取『保守主義』的。

第七章　資本主義時代的法律現象

歐洲近世紀的文明，大概都發源於『文藝復興』（Renaissance）。在這個時期，人人對於從前的宗教權威，封建勢力，都感着很深的痛苦，於是想復興希臘時代的文化，關於宗教，科學，政治，法律等都有一番革新的運動。從十五世紀到十八世紀，三百餘年間的新文化運動，可分爲下列三點來觀察：

一、個人的自覺和自由　在原始社會時代，人類的生活以集團或氏族爲單位；在原始國家時代和封建時代，人類的生活以家族團體或隸屬關係所組成的主僕團體爲單位，各個分子的人格都不能完全獨立，沒有個人的自由可說。到了近世紀的初期，漸漸脫離團體的自我意識，而發生個人的自我意識。這個時代的自由運動，第一步要解脫隸屬的關係，完成獨立的人格；第二步要打破歷來的傳說，實現自由的思想。這個自由思想又要使他合理化，所以這個時代在科學上的發明極爲旺盛。先有哥伯尼(Copernicus, 1473–1543)的地動說，後有伽利略(見前)和凱伯拉(Kepler, 1571–1630)等的天體力學和物理學，都是運用他的自由思想而歸於合理化的。至於極端主張思想的自由而倡歸納的論理學者則有培根(Francis Bacon, 1561–1626)，他以爲人們要得着眞確的知識，應該先破除四種偶像：(一)劇場的偶像(idols of the theater)，就是古代的傳說(tradition)；(二)市場的偶像(idols of the forum)，就是人類日常的交通工具(intercourse)，如語言文字等；(三)洞窟的偶像(idols of the cave)，就是各個人的癖性(peculiarities)；(四)種族的偶像(idols of the tribe)，就是各民族所有的特殊傾向(tendency)。

在這個時期，不但倡經驗論的培根如此主張思想的自由，就是倡純理論的笛卡兒(Descartes, 1596–1650)也有關於自我意識的名言，他說：『我思故我在』(I think, therefore, I exist)。笛卡兒的哲學以懷疑爲出發點，懷疑到我的自身，卻不能再懷疑了；而因爲懷疑的結果，便認識『自我』的存在。這種對於外物懷疑的精神，對於自我的認識，確是近世紀文化的原動力後來的自由主義，功利主義，個人主義支配了歐洲的社會三四百年之久，都是文藝復興期所種的因。

二、民族統一的國家成立　中世紀教會勢力的專橫，封建制度的束縛，一到近世紀初期，都已崩壞了；從英法的『百年戰爭』（The Hundred Years' War），英國內部的『玫瑰戰爭』（The Wars of the Roses）以後，兩國的封建貴族都打倒了，而君權便從此一天擴大一天了；從路德（Luther, 1484–1546），司文格里（Zwingli, 1484–1531），加耳文（Calvin, 1509–1564）等起宗教改革運動之後，教會的勢力便從國家的上面移到國家的下面來了，結果卻促進君權的擴張。

這個時期的人民，既解放了封建制度的束縛，又脫離了教會權力的壓迫；同時受『百年戰爭』的影響，已喚起了英法兩國民族的愛國心。他們認爲像中世紀那樣包容了許多種族言語習慣不相同的人民組織一個世界帝國，是一件不可能的事。所以主張建立一個民族統一的國家，而要擁戴一個強有力的君主，並且提高君主的權力，可以替他們的民族保全利益。

，於是倡統一國家提高君權的學說者，便應運而生。第一個，就是馬基弗利（Machiavelli, 1469—1527），馬氏感着意大利衰敗的原因在於富商太多，武力缺乏；又看見英法西班牙等國君主都已撲滅了封建勢力而握有強大的權力。當時的內憂外患都逼得馬氏不得不崇尚武力而注重權謀術數。馬氏在他所著的霸術（The Prince）中，主張人性是惡的，所以要一個強有力的君主來管束人民，人民要絕對服從君主；治國要道尙力不尙德，重人治不重法治，而以推行『迪克推多制』（dictatorship）爲致國家富強的唯一良策。馬氏這種學說，後人稱爲政治術，而不稱爲政治學。

第二個，就是布丹（Jean Bodin, 1530—1595），布丹不像馬基弗利那樣專講功利，輕視道德，而以政治道德爲政治的基本。但是布丹也很重國家的權力，而不重人民的自由平等；他認定國家的起源是由於家族，社會發達的基礎是在人類的社會性：這兩點是和亞里斯多德的學說相同。但是布丹以爲國家發展的基礎，在強力而不在理性，這是和亞氏不同的地方。布丹不承認人民在最高權力支配之下，有絕對的自由；也不承認人民的地位或權力是絕對的平等，他以爲男女門第的差別是本來有的，人類的階級是天然的必要的。布丹在政治學史上最著名的是『主權論』(the theory of sovereignty)，他說主權是有最高的，永久的，唯一的，無限制的四種特性；主權者不受法律的制裁，並且是法律的創造者；人民對於這個主權都一律站在服從的地位，不過這個主權所能發生效力的範圍是有一定的，就是在一定地域以內的人民須一律服從其主權，所以主權又有地域性的。布丹的主權論，可以挽救從前羅馬帝國以來那種世界國家的散漫情形；可以推翻中世紀教會至尊的舊學說；也可以剷除封建時代君權旁落羣雄割據的那些積習。布丹的學說，不但是當時的對症良藥，並且成爲後來三百多年政治學說的中心思想。後世稱布丹的主權論爲『一元主權論』(monistic theory of sovereignty)。

繼承布丹的主權論者，有格老秀斯(Hugo Grotius, 1583-1645)和浩布思(Hobbes, 1588-1679)兩個學者。格氏是國際法學的鼻祖，他對於主權論的解釋，祇偏重在國家對外的關係。浩氏的國家論，在政治學上卻佔有很重要的地位，他一反從前亞里斯多德派以國家爲自然生成的說，而主張國家是由人力造成的；他是根據契約說，以爲一羣的人訂立共同契約，願意把權利送給一個人，做他們全體的代表，大家願意一律服從他，於是便建設成一個國家。這個國家的君主便是唯一的主權者，人民服從君主便是服從自己，因爲君主的意志便是人民的意志，君主必須握有最高無上的主權，不但有整個的行政權，並且有最高的立法權。

三、經濟勢力的發展　從一四九二年意大利人哥倫布 (Christopher Columbus, 1446-1506) 發見美洲以後，歐洲各國人先後在美洲中部，非洲西岸，加拿大，東印度等處，得了專利的商業，每年都各在他的殖民地內輦取了許多金錢回到本國；一面提倡國內的製造業，盡量輸出他的商品，以吸收外國的金錢。這個時代，學者稱爲『重商主義』(merchantilism)時代。在這個時代，國家的政策都是專在如何發展國內的工業，國外的通商，並殖民地的經營；國內的法律專在取締國內現金的出口，獎勵國外現金的輸入。於是不得不擴張海陸軍備，以爲保護商業之用，而殖民政策和商業的侵略政策便成了帝國主義的基礎。

一七六四年壑格利夫(Hargreaves)發明了紡織機，一七六九年亞克賴德(Arkwright)

發明了水力紡織機械之後，棉花紡織工業已有長足的進步；瓦德（James Watt, 1736-1819）又於一七六八至一七九二年間發明了蒸汽機關，最初試驗於礦山，後來應用到紡績工場，於是棉花紡績工業更起了一大變化，這個就是『實業革命』（industrial revolution）的新紀元。後來把這個蒸汽機關再應用到毛織物工業，製鐵工業以及輪船鐵路的發動機上面，更促進實業的發達。

這個時候又出了一個經濟學的鼻祖亞丹斯密（Adam Smith, 1723-1790）在一七七六年出版源富（Wealth of Nations）一書，創『分工』（division of labour）的說，於是機械的工場工業愈加發達。當亞丹斯密在格拉斯哥（Glasgow）大學充教授的時候，瓦德亦在同校做物理機械的職工，兩人的交情頗爲親密，時常研究機械工業的改良，所以彼此都有這樣偉大的成績。亞丹斯密是主張實業自由競爭的一人，他以爲個人自由競爭結果，國家的富就會增進；合計各個人所生產的貨物價格，便成爲一國之富。他又以爲自由競爭若能完全行於社會，則不但國富可以增進，即富的分配也自然得其公平，社會全體人的利益便都實現了。可惜從亞丹斯密提倡這種學說以後，實業界祇做到了『自由』二字，而不能做到『完全』二字，所以國家的富縱能發達，而社會全體人的富卻因此而被阻礙，被剝奪了。綜合以上三方面演進的結果，便形成了個人主義，自由主義，國家主義，集權主義，生產手段私有化，勞動商品化等現象，而釀成現代的『資本主義』。

封建時代的社會秩序，全靠主僕間恩惠和忠順的關係來維持，是一種人身的關係，並不是法律的關係。近世紀的國家基礎，卻是建立在法律的關係上面；從布丹闡明主權論以後，國家對內的統治權漸漸明顯了；從格老秀斯創立國際法以後，國家對外的關係也漸漸有了法律的保障；到了孟德斯鳩（Montesquieu, 1689-1755）的法意（L'esprit du loi; the spirit of the laws）於一七四八年出世以後，法律的觀念更爲明晰。孟氏把法律分爲三類：（一）因民族和民族的關係而規定的是國際法；（二）因各國政府和人民的關係而規定的是憲法（或公法）；（三）因各個公民相互間的關係而規定的是民法（或私法）。孟氏對於國家制度上最大的貢獻，就是他的『三權分立』（separation of powers）說，他的目的要使行政立法司法的三權互相分立，互相牽制，來保障人民的自由。

盧梭 (Jean Jaques Rousseau, 1712-1778) 是一個極端主張自由的人，他以爲人類一切生活都應該『返乎自然』，人類是生而自由平等的。他的民約論 (Du contrat sociale)，是主張以『人民的總意』(general will of people) 來締結一個國家，人民總意表現的時候，當然以『人民的總利益』(general interest of people) 爲前提。這樣的國家，當然是主權在民。這個主權是不可分割，不可讓與，就是人民的總意；這種國家的政體，當然是共和政體；在這個國家內的人民生活，是極自由極平等的。

孟德斯鳩和盧梭的學說正風行當世的時候，美國的獨立（一七七六年）法國的革命（一七八九年）便起來了。美國獨立以後所產生的憲法，是照着孟氏的三權分立說製成的；法國革命的口號，就是『自由』，『平等』，是完全受着盧梭學說的影響。

美國的獨立宣言書中說：『我們信爲眞理的，就是一切人類都是生而平等的；他們有天賦的不可轉移的權利，這些權利就是生命自由和幸福的圖謀。』法國的人權宣言中說：『人類生而自由永遠自由權利一律平等。一切政治團體的目的，在保障人類天然的不變的權利，這些權利，就是自由財產和抵抗壓迫。』

這些『天賦自由』或『自然權利』的觀念，後來便成為他們憲法上和民法上的立法精神，一八〇四年的拿破崙法典也是依照這種精神製成的。所謂『自由』『平等』如果使各個人都能完全實現，則近代的資本主義決不至發生。可惜法國革命後的政權，祇操在中間階級（資產階級，或稱工商階級，也稱第三階級）之手。實業發達的結果，經濟上的一切權利完全為資產階級所獨享，而近代民主政治上所謂自由平等的美名，不過是他們用來欺騙人民的工具。

歐美各國的民法，大都是繼受拿破崙法典而成。各國的民法上，都含有兩個通則：（1）財產權的絕對性；（2）契約自由。認個人的財產權是一種絕對權，或稱對世權，財產所有者對於他自己所有的一切財物，可以絕對的自由享受自由處分；他若不願意自己享受，也可以自由拋棄或埋沒了他；也可以自由傳給他的子孫；除非得他的同意，任何人不得對於他的所有權稍有侵犯，就是國家也不能任意加以限制，這是叫做財產權的絕對性。認個人和個人間的一切契約，都可以依照各個人的意思自由訂立，契約的內容也由各個人自由規定；不問訂立契約的兩方智力勢力是否平等，祇要出於他們自己的願意，無論何種契約都可以成立，國家並不加以若何的限制，這就是叫做契約自由。

封建時代的中間階級，到了近世紀，漸漸抬起頭來，代替了貴族僧侶的階級，而握有統治的實權。但是他們下面的平民階級，依舊沒有脫離封建時代的積習，永久屈服在中間階級的統治之下；既缺乏參與政治的知識，又沒有經營工商業的能力；一切政治上經濟上的特權，祇得讓中間階級去獨享。所以當時所謂『法律之前人人平等，』不過是資產階級中的平等；而無產階級，當然不能和有產階級平等；非商人階級，當然不能和商人階級平等；女子的人格，當然不能和男子平等；庶子或私生子，當然不能和嫡出子平等。所謂『契約自由，』不過是有特權者的自由；如資本家和勞動者訂立契約時，祇有資本家的自由，而沒有勞動者的自由。所謂『財產權的絕對性，』祇對於已取得的財產權說的；至於財產如何取得，法律上並沒有何種規定。

實業自由競爭的結果，財富漸漸集中到少數人的手上。金錢太多了，要借給沒有錢的人用，於是有利息制度；土地太多了，要租給沒有土地的人耕種，於是有地租制度；一生的財產使用不盡，要留給子孫享用，於是有遺產制度。法律保護私有財產，原來不是一件絕對的壞事。但是，因保護財產私有權，不得不兼保護金錢所生的利息；由土地所生的地租；由祖宗所留下的遺產。那末財產權的保護，祇是保護不勞而獲的財產；祇是保護資本階級的財產；而一般平民的財產，卻因此反被剝奪了。

在資本主義之下資本家的收入可以分爲三種：（一）自己勞動的結果，這是正當的收入；（二）社會自然發達的結果，這是不勞而獲的收入；（三）他人勞動的結果，這是侵奪的罪惡的收入。法律對於以上三種收入的財產權，若一律加以保護，則法律不但是獎勵人的不勞而獲，簡直是獎勵人去做強盜犯罪惡了。

同在一社會中的人，假使一切的機會都能均等，貧富的相差決不會十分懸殊的。但是在資本主義的經濟發展以後，富者愈富，貧者愈貧；富者不過是最少數，而貧者卻佔了大多數。富者已得着經濟上的優越地位，因此就可以得着政治上的優越地位；一旦得着政治上的優越地位，更可以行使他壓迫搾取的特權。使貧者更得不到他們應得的利益，更失了他們一切的自由。這時候的法律，無論公法或私法，都是專替富而有勢力的階級圖便利，也就是處處對於貧而無勢力的階級肆行壓迫和搾取的。我們可以把這個時代的公法和私法，歸納為下列幾點的特色：

(一)公法方面

(1)選舉制度　選舉權以資產為標準，貧者便沒有參與政治的權利。

(2)教育制度　無論公立或私立學校，惟富者的子弟纔有讀書的能力，貧者便沒有獲得知識，發展人格的權利。

(3)賦稅制度　課稅着重於生活必需品，一切田賦及貨稅，名為地主或商人所負擔，而其賦稅的『歸着，』都是在於多數的貧民。

（4）司法制度　訴訟費的負擔太重，便剝奪了貧者的起訴權；刑法上有易科罰金的規定，富者得以金錢贖罪而逍遙自由，貧者則因缺乏金錢而致身體失其自由。

（5）行政制度　警察，衞生，交通，實業，以及一切公共設備的行政法規，處處都是保護富者的權利，獎勵富者的活動，增進富者的幸福；貧者便不能享受行政上各項的權利。

（二）私法方面

（1）物權法　依財產權的絕對性，使富者對於他所有的財產，在空間上有絕對的享受及處分權。

（2）繼承法　依財產權的絕對性，使富者的家屬，對於他們所有的財產，在時間上有永久的享受及處分權。

（3）契約法　依契約的自由，使富者得自由使用貧者的勞力，自由搾取貧者的利益。

（4）商法　獎勵並保護商業的結果，利潤愈增進，資本愈集中，『托辣斯』的政策愈盛行，則小商人及手工業者的營業便漸漸失敗，貧者的生活便日益困難了。

第八章　社會主義時代的法律現象

實業革命以後，當資本主義的經濟勢力正在猖獗的時代，社會主義的首倡者奥温(Robert Owen, 1771–1858)，已對着資本主義開始攻擊了。英國是實業革命發軔的國家，而奥温也是個英國人機械的工場工業是資本主義的根據地，而奥温也就是一個工場主人。可見社會主義的發生，是緊跟着資本主義而來的。在法國方面，和奥温同時的社會主義者則有聖西門(Saint Simon, 1760–1825)；其後又有福利耶(Charles Fourier, 1772–1837)。他們所主張的雖各有相異之點，而他們攻擊資本主義的經濟組織；反對資產階級的政治特權；主張勞動階級平均享受生活資料這幾點是相同的。但是他們也有一個共同的缺點；看輕資本主義的勢力；不注意社會變遷的實際情形；以爲社會改造運動是可以本着各人的良心來進行，就是資本家一旦有了覺悟，也自然會把他們的特權讓出來的。這樣偏於理想，所以他們的運動竟不見成功，後人稱這派的社會主義爲空想的社會主義。

空想的社會主義之後，則有科學的社會主義，他的首倡者是馬克思（Karl Marx, 1818–1883）。馬克思是以唯物史觀的方法來研究社會的變遷，他以爲社會的構成是以經濟組織爲基礎，而社會的經濟組織是隨着社會的生產力和富的生產方法而變遷的；社會上的一切政治，法律，道德，藝術等現象，都是建立在經濟組織的基礎上面的東西。那末，法律也不過是一種經濟條件的反映，決不是理性的產物。

馬克思以後的社會主義分爲數派：在法國則有『工團主義』（syndicalism）；在英國則有『基爾特社會主義』（guild socialism）；在德國則有『集產主義』（collectivism）；在俄國則有『布爾希維克主義』（Bolshevism）。我們在這裏沒有時間把各派的內容詳細敍述，祇可以綜括的說明幾句：（一）從實業方面說：工團主義是主張專由生產者來完全管理生產和分配的事務；基爾特社會主義是主張由生產者和消費者（國家就是消費者的代表）共同來管理生產和分配的事務；集產主義是主張專由消費者的代表即國家來管理生產和分配事務；布爾希維克主義是主張由無產專政的國家管理生產和分配的事務；（二）從政治方面說：各派都認定國家不過是一種工具，而集產主義和布爾希維克主義則主張國家權力特別提高；各派又都是否認現代資本主義的民主政體，不過他們對於改造民主政體的方法各不相同：工團主義祇表示消極的態度；基爾特社會主義則主張『機能的民主政體』(functional democracy)，就是用職業的代表制度來替代現代的議會政治；集產主義則主張由『政治議會』和『社會議會』合組的政府來分掌國家的事務；布爾希維克主義則主張用革命的手段，奪取政權，組織無產階級專政的政府。總之，各派的社會主義都是適應各國社會的特殊情形而產生的；他們的共同目標，是在剷除資本主義的經濟組織，消滅人類間一切階級的特權；不過他們的實現方法，各由其社會的要求，而有緩和的和激烈的不同。

離開社會主義的立場說，從法國革命的人權宣言和拿破崙法典行世以後，資本主義的法律觀念正為當世所尊崇的時候，便有一個社會學大家孔德（Auguste Comte, 1798-1857）出來矯正其說。孔德在他所著的實證哲學（Positive Philosophy）裏面，闡明個人是社會的產物，國家是社會組織之一，法律是社會現象之一等眞諦。他以爲權利不過是兩個主體間的一種關係，一個人若離開了社會，沒有和他相對的人，這種關係便不存在，還有甚麼權利可說？這種關係，與其稱爲權利，不如稱爲『責任。』所以孔德說『一個人除了那永遠盡責任的權利以外，並沒有甚麼權利。』孔德的學說，到後來便成爲社會法學（sociological jurisprudence）派的始祖，社會法學派是用社會學的方法來研究法律的現象，不像從前人專用抽象的方法去分析法律（法規的法律）的內容，這就是孔德的『實證哲學』之所賜。這派的學說，是主張人類有一種『社會職務』（social function）；人類要盡量去發展他身體的，智慧的，道德的個性，無非預備些效率去行他的職務，人類要做一個財產的主人，也無非想應用財產去盡他的職務。這樣說來，個人在社會中並沒有絕對的自由。

社會法學派的學說，和從前自然法學派所主張的『自然權利』『天賦自由』說，恰成了針鋒相對。自然法學派所主張的自由權利，都是從『自然』得來的；而社會法學派所說的自由權利，都是從『社會』得來的。前者是絕對的；而後者是相對的。

孔德以後，在十九世紀末至二十世紀初，社會法學派的勢力日漸旺盛。如德國的基爾克(Otto Friedrich von Gierke, 1841–1921)，於一八六八年著有德意志團體法論(Deutsche Genossenschaftsrecht)一書，闡明團體人格和團體意識的實在。一八八八年，德國民法第一草案告成的時候，基爾克以爲這個草案是採取羅馬法的個人主義而成的，不能適合現代社會的團體主義，攻擊頗爲有力，於是乃有第二草案的改編。

同時在奧國則有孟伽(Anton Menger, 1841–1906)於一九〇二年著有新國家論(Neue Staatslehre)一書，主張人類的生存權，勞動權，及勞動全收益權；並主張民衆勞動的國家，就是勞動階級的國家，而反對現代權力的國家。他是一個社會主義的法學家，主張訂立社會主義法典的。當德國民法第一草案發表的時候，他也曾加以批評，而對於僱傭規定的一點，攻擊尤爲激烈；他和基爾克二人確是有功於德國民法的改造運動，可惜民法第二草案仍舊不能完全脫離羅馬法的個人主義。

最近則有法國的狄驥(Leon Duguit, 1859–1928)，他的著作很多，在一九二一年至一九二五年間所著的憲法論(Traite de droit Constitutional)五卷內容最爲豐富。此外論法律變遷的著述還不少可以稱爲現代社會法學者的泰斗他的『權利否定論，』『國家人格否定論，』是他的學說的重心。他倡『社會連帶關係』(solidarité sociale)說，以爲人類的社會生活，是一種『社會相依』(social interdependence)的生活，個人和社會不是對立的，人類祇有在社會相依的條件之下，纔能夠生存發展，所以個人祇有『社會職務，』而沒有權利；國家和個人一樣，須受社會連帶關係的拘束，國家祇有爲社會盡一定的『公職』(public services)，並無所謂權利。狄驥以爲法律是由社會連帶關係的事實而生的必然的法則，這種法律，是客觀的，不是主觀的，所以叫做『客觀化的法律。』國家負有積極的和消極的兩種義務：（一）爲實現社會連帶關係的目的，有在法律範圍內積極努力的義務；（二）爲勵行那由社會連帶關係而發生的行爲規則，遇必要時，有使用國家的物質強制力的義務。這個強制力的自身，並沒有任何的合法性，祇在用這種強制力來維持那由社會連帶關係而生的法律，纔算合法。國家祇能在法律範圍內活動，並且對於法律所負的責任比任何人的責任都重而法律則是獨立在國家之外，高出於國家之上，生存於國家之先的（參看高一涵政治學綱要八〇——八四頁。）

美國的滂德也是現代著名的社會法學者，他於一九一四年在哈佛法律評論上面刊載『法律的目的是隨法治的規範和理論而進化』(The End of Law as Developed in Legal Rules and Doctrines) 一文，分法律進化爲五個時期，現代是『法律社會化』(socialization of law) 的時期。他以爲社會生活愈複雜，則社會政策的適應愈爲必要，以集合主義替代個人主義，以國家干涉主義替代自由放任主義，於是法律成爲社會生活規範的眞面目乃發現，而個人本位的法律亦一變而爲社會本位的法律了。現代法律的新趨勢，對於從前法律上大原則的限制和變更，可臚舉如下列幾點：（一）財產權行使的限制，就是禁止權利之反社會的濫用；（二）契約自由的限制；（三）處分權的限制；（四）債權者或被害人的請求權完全滿足的限制；（五）無過失的損害賠償責任，就是雇主對於被傭者的責任；（六）從前所認爲共有物或無主物，現在作爲公有物；（七）保護關於一家屬所存在的社會利益（見穗積重遠法理學大綱李譯第一三五頁。）

綜合上述社會主義派和社會法學派的主張，找出他們相同之點，就是否認政治上和經濟上的階級特權，保障無產階級或社會全體的利益。社會法學者雖不講社會主義的運動，而專謀法律的改造；但是他們所闡明的社會組織原理和法律的眞意義，卻可供社會改造運動成功後的採用。他們的主張若能直接實現，則社會或可依和平的方法而演進，未必一定要經過革命的手段纔能使社會進化的。

此外又有英國的馬克愛弗（McIver），是倡『新國家論』的巨子，也可稱爲『多元的國家論』者的泰斗。他於一九一七年著有基本社會（Community）一書，把『團體』(Association)和『基本社會』分開，凡團體有五個要素：（一）特殊的共同目的；（二）一定的職能；（三）組織；（四）一定的界限；（五）構成員的合意。至於基本社會，則沒有以上各種要素，而是一羣人同住在一個地域之內，由其言語風俗習慣等的統一，人格相互間的影響，自然結合而成的；故沒有特殊的目的，沒有一定的職能，也不是由於成員的合意而成立的。

基本社會的生活，是包含人生目的的全部。爲達人生某種的目的，故有某種團體的組織；人類的欲望愈發達，所組織的團體愈繁複；無論何種團體，都是爲滿足人類的欲望實現人生的目的，就是爲發達這個基本社會而成立的。國家也是一種團體，不是基本社會；故國家也祇能實現人生某種特殊的目的，而不能包括人生目的的全部。不過國家於上述五個要素以外，還具有三種特性：（一）一定的地域，就是領土；（二）對於所屬的個人或團體有一種強制力；（三）主權，就是自己固有的組織力和支配力。基本社會是沒有這些特性，因爲他並沒有特殊的職能，便用不着這些手段，可見上述三種特性，祇是國家爲着實現他的特殊目的所必要的一種手段，決不是他先天存在的要素。國家始終是一種團體，決不能代表基本社會，所以他的主權和強制力祇是在他的權限以內纔會發生，決不能超越到他的權限以外而有高出於基本社會之上的一種權力（參看中島重多元的國家論三八——六二頁。）

馬氏這種學說，實爲現代『多元主權論』(pluralistic theory of sovereignty) 的基礎，和近世紀初期布丹的『一元主權論』後先輝映。而對於現代的法律改造運動，確有很大的貢獻。

上面所述各派學者的主張，就是最近百年來歐美各國法律現象的背景。下面再把現代各國法律的新趨勢，歸納爲幾點，說明如左；

（一）從個人本位進到社會本位　社會愈發達，交通愈繁盛，則人和人相互間的影響亦愈大。從前說社會的性質是由個人造成的，現在卻要說個人的性質是由社會造成的。想發展個人的身體，不得不注意到供給我們生活資料的物質環境；想勵行個人的教育，不得不注意到影響於我們心身的社會環境。況且人類的欲望是不斷的增進，想滿足欲望，不得不行分工合作的方法，分工愈細密，合作愈擴大，則人類的社會生活愈爲必要。社會生活中某一部份一旦若有變動，立刻可使個人生活陷於不安的狀態。要使社會生活永久穩固，而又能不斷的適應各個人的要求，則人類所必需的各種事業，均非有大規模的組織，並且有大力的保障不可。所以現代的各種事業，都有『社會化』的趨勢，而法律就是實現社會化的工具。凡土地，資本，及生產交通的一切要具，都歸公有，公管；則從前爲私人所有的財產權，也都要變成公有；就是教育機關，娛樂設備，以及人類維持生活的一切消極行爲，也應該由公家來管理，纔不至有獨占，獨享，偏枯，向隅等流弊。這樣一來，國家的職務便無限的增進，而國家的權力自然也要十分的提高起來了。如蘇俄憲法第三條中的各項就是規定土地國有，實業國有，銀行國有，教育機關國有的；德意志一九一九年的憲法第七條第五項至二十項，大概都是規定社會公共事業的；第一百十九條至一百二十二條，是規定家庭生活，子女養育，青年保護等項，應由國家負責的；第一百四十二條至一百四十八條，是規定各種教育應由國家負責的。至於第五章關於『經濟生活』的規定：第一百五十一條，規定以公道大原則及人類生存的大目的爲經濟生活之標準；第一百五十三條及一百五十五條至一百五十六條，是規定財產私有權的限制，國有財產的設立，生產者消費者共同管理的生計團體之組織等項。俄德兩國的現行憲法，實爲現代『社會本位的法律』之表率，此後各國所產生的新法律，必定會依照這個標準而進；從前個人主義的法律，不久就要消滅他的痕跡了。

(二)從自由本位進到平等本位　十九世紀以前所倡的自由，是個人主義的自由；少數人的自由特殊階級的自由就是不平等的自由。因爲從前人祇注意自由而不注重平等；要使知識不平等，能力不平等，道德不平等，經濟生活不平等的人，來實行自由競爭，結果便使少數人得了自由的勝利，而多數人反陷於更不自由的狀態。現代學者所承認的自由，是『平等的自由』這種平等的自由有兩個解釋：（1）不妨害別人的自由，就是自己主張自由同時不要侵犯別人的自由，所以國家要有法律來保護弱者的不自由而干涉強者過分的自由；(2)不喪失自己的自由就是自己不要誤用自由而返失了自由。例如身體的自由，不可自由出賣自己的身體；工作的自由，不可去做別人的奴工。如果有這種事，國家必定用法律來制止他，故在法律上有所謂國家承認的自由。國家承認的自由國家承認個人自由，是要使個人由自由而進到平等，不是要使個人因自由而陷於不平等。

現代法律關於限制個人自由的，有兩個原則：

第一、限制財產自由。從前的財產權是絕對的，享有財產權的人，在積極方面，有使用，享受，處分的自由；同時在消極方面也有不使用，不享受，不處分的自由。現代法律不但對於積極方面有限制，卽對於消極方面也有限制，就是不許他不使用，不享受，不處分。因爲財產是社會公共的東西，用以謀社會生活發達的工具；財產權在私人的手中，就是教他運用這個權去盡社會的職務，所以不許他自由拋棄。例如採礦權，是一種物權，取得採礦權之後，若遇了若干時期而不開採，在法律上就要取消他這個權利，因爲社會急需這種礦物，不容他佔據這個採礦權，使天然富源封閉了而不能享用。又如遺產處分權，國家不願繼承人取得大批不勞而獲的財產，使個人流於淫逸，而財產失其效用，故有法律限制其處分，而重徵其遺產稅。至於一般取得財產的方法，國家亦必加以干涉，凡不勞而獲的財產，法律都要限制他。如土地的自然增益，必須歸公；有資本家對於勞動者的剝削，則有工場法等的取締。德國民法（一九〇〇年公布）第二百二十六條，有權利濫用的限制；瑞士民法（一九〇七年公布）第二條，規定凡顯明的權利濫用，法律不負保護之責。

第二、限制契約自由。從前個人主義的法律，以爲契約的利害祇是當事者兩方的自身關係，故尊重當事人雙方的意志，而予以絕對的自由。殊不知這種契約自由，一方的怜悧，很可以欺壓他方的愚昧；卽使雙方都出於自己情願，但是那個契約的關係，往往要影響到社會全體。例如有一羣的貧民願意賣身做很不衞生的奴工，這種不衞生的生活，勢必使他們周圍的居民受着很大的影響；並且他們所生的子女也必定有許多病弱的遺傳，影響到人種方面還要更大。所以現代法律關於雇傭契約這一點，更有嚴重的取締，例如德國民法第一草案經過孟伽的批評後，在第二草案（就是現行民法）上，關於雇傭契約便已有保護的規定；後來在新憲法第一百五十二條上，更規定一個原則說：『生計交通上的契約自由，依法律所規定。』蘇俄一九二三年的民法，已將勞動契約法一部分從債權法中分出，獨立爲一種單行法，他的契約形式，有嚴格的規定，凡不合式的契約概爲無效。

以上兩個原則，名爲限制自由，其實就是實現平等。法國革命以來，所講的自由平等，專從政治上着想，而沒有注意到經濟方面，這也是因爲當時資本主義還沒有發達，所以大家忽略了。到了十九世紀後半葉，大家纔看明白了這個道理：得不到經濟上的自由，決沒有政治上的自由；得不到經濟上的平等，決沒有政治上的平等。但是經濟上的自由又都被資產階級佔領了，階級的懸隔和壓迫使我們永遠不得參加於自由競爭之場，祇有深深陷入於不自由的地獄下去。所以要得自由不得不先主張平等，來打破階級的特權。

從前講自由的，還有一個錯誤的觀念，就是以爲個人的自由是和國家的權力相對立的，一心想去削減國家權力，來伸張個人自由。殊不知國家權力是寄託於統治階級的身上，階級的利害相衝突，他們又怎肯把已經落在自己手中的權力輕意的讓出來呢？卽使有些特殊情形的國家，國家權力居然減損了，但是當個人自由正是增長的時候，大家又不知道社會生活的眞相，畢竟會鬧成一盤散沙，一切公共的事業都廢弛了，祇落得一個互相爭攘的狀態。現在我們曉得個人自由不是和國家權力相對立，乃是和社會公益相對立的；自從社會的觀念明瞭了以後，大家都承認個人是『社會的個人，』願意限制個人自由來實現社會公益；並覺得國家是我們用來實現社會公益而限制個人自由的一種工具，這種工具的運用，又必須有法律來規定的，運用的權是操存社會全體。又想到社會公共事業的繁複，個人自由意志的散漫，更不可沒有一個強有力的國家來替我們實現公共的福利，於是一反從前的觀念而變爲要提高國家權力而限制個人自由。現代法律都注重社會公益，而其着手方法，則先剷除社會上一切不平等的制度，使人人得着一切活動的均等機會，以發展個人人格，而各盡其所能以爲社會謀公益，這個就是平等本位的觀念。例如德國新憲法第一百零九條說：『凡德意志人，在法律之前平等。』其第二項說：『男女在原則上享有同等之國民權利與義務，因出生或階級異同而發生之公然的法律的特權或劣等待遇，概行撤銷。』在一百六十三條，則又說：『凡德意志人雖人人享有人身自由，然人人各有道德上之義務，使其精神體力之活動合於公共福利所要求。』他的主張平等，限制自由，注重公共福利的精神，已顯然可見了。

(三)從權利本位進到義務本位　從前所主張的權利，是自然的權利；權利個人的權利；特殊階級的權利：就是不平等的權利。自社會法學派的『權利否定說』和『社會職務說』盛行以後，舊時法律上所認爲權利的，漸漸都變爲義務的性質了。例如前面所述的採礦權，與其稱爲個人的權利，不如稱爲個人對社會所盡的義務；又如勞動者在工作時所受傷害，依從前的法律，必須雇主有過失時，纔負賠償的責任，這個叫做『過失主義的責任論』，也叫做『主觀的責任論。』近來歐美各國的法律或判例，都已改為『結果主義的責任論，』或『客觀的責任論：』就是不問雇主有無過失，對於勞動者在工作時所受傷害，必須一律負賠償的責任。這種客觀的責任論，我們可以用『社會職務』的觀念來說明：企業者的經營實業，原來替社會盡其運用財產的職務；尤其是對於勞動者因企業的關係而發生的一切危險和困難，都是企業者目前所應該儘先解決的一種職務。又如德國新憲法第一百五十三條末一項的規定：『私有財產負有義務；私有財產之使用，不容忘卻公共福利。』這就是『財產權義務化』的一例。至於財產權以外的權利，如工作權等，本來當作個人的自由權，而蘇俄憲法第二條的第六項，及第十八條，則規定工作或勞動為人人應有的義務。這就是『自由權義務化』的一例。

照這樣說來，人類的一切權利都義務化了，則人生祇有義務而無權利，一切生活未免覺得太枯燥；人類道德沒有達到很高尚的程度，這種服務觀念未必能支持長久，而社會事業終必至於廢弛，人類將淪於淘汰滅亡；況且依狄驥和滂德等的學說，人類的社會生活都是本着利己心而演進的，又怎樣能教一般人都斷絕這種利己的觀念呢？我們在這裏可以有一個很明瞭的解答：從來法律上所規定的一切公權和私權，大半都是分生的權利，不是人類的基本權利；尤其如自由權，參政權，請求權等，都是『政治上的基本權利。』這些政治上的基本權利，又都是法國革命以後，中間階級為謀他們自己的便利而提倡起來的，後來便成為民主政治上的人民公權。其實所謂民主政治，也不過是中間階級所獨霸的一種資本主義的政治，所以一切政治上的權利畢竟是少數人的私物，而非一般人民所得共享的公物。那末人類的基本權利又是甚麼呢？我們可以把孟伽所主張的三種權利來回答說：就是生存權，勞動權，全勞動收益權，這三種可以稱為『經濟上的基本權利。』凡政治上的基本權利，和從前私權上的財產權等，都可以使他義務化；因為那些都是少數人所佔據而為野心家所覬覦，成為世界禍亂之源的不祥物，我們不應該把他看作權利，而應該把他看作替社會服務的工具。所以祇有這三種經濟的基本權利，是人人所必需的，纔可以稱為權利。

以上所述現代法律的三種趨勢，並非說從前的法律，確有個人，自由，權利的三個本位；而現代法律則已進到社會，平等，義務的三個本位；不過為便於說明起見，姑且分別言之而已。其實從前所謂自由，就是個人的自由；所謂權利，也就是個人的權利；自由和權利都是天賦的，而其主體則爲個人，故從前的法律，可以總名之爲『個人本位。』現在所謂義務，就是對社會所盡的職務，所謂平等，就是社會上各個人的人格平等。社會觀念發達以後，義務觀念纔發生；而平等的觀念，也是在社會生活的眞相明瞭以後纔發生的；封建社會時代何嘗有平等觀念，卽資本主義時代的平等口號，也不過是出於自然法學派的一種理想，並不是眞正了解社會生活的意義以後倡出來的。那末，現代的法律，也不過是一個『社會本位罷了。』惟其是社會本位，所以沒有孤立的個人；惟其是社會本位，所以要限制個人的自由；惟其是社會本位，所以政治上和財產上的權利都要義務化：這就是現代法律的趨勢。

第九章　以社會生活爲根據的法律觀

綜合第四章至第八章所述，我們已能認識法律是社會的產物，是時代的產物；但是，法律雖爲全體人類實現利益的工具，而有時卻成爲少數人或特殊階級謀利益的工具，故可以說法律也是某一個階級的產物。況且無論何種法律，在表面上都是冠冕堂皇不過的，不是說維持社會秩序，便是說保護人民權利；不是說尊重個人自由，便是說發展社會公益。但是在實際上，法律往往成爲阻遏社會進化，剝奪人類自由，助長特殊勢力，引起社會糾紛的一種不祥物。因此，近來學者對於法律所下的定義，便有相反的二說：甲方說：『法律是國家生活的規範，由主權者的意思而制定，依國家的權力而強行。』乙方說：『法律是統治階級的意思所依託，而對於被治階級實行其壓迫搾取的一個工具。』甲說未免把法律和國家看得太密切了，以爲國家是神聖的，故法律也是神聖的；國家既爲特殊階級所有，則法律也爲特殊階級所私有，而人類全體的福利便顧不到了。乙說又未免太厭惡法律，輕視法律，祇把法律看作壓迫搾取的工具，而忘卻了法律乃是實現自己利益的工具。

我們若不把法律的性質認識清楚，便無從判斷法律的必要與否及其善與惡。我在第三章曾經說明法律現象發生的原因及其主要的成分，但還不能明瞭法律本身的眞相。我們要認識法律的眞相，應該從各方面來觀察：第一，要認識需要法律的主體是甚麽；第二，要認識法律的目的是甚麽；第三，要認識法律是由甚麽原動力所產生；第四，要認識法律是靠何種制裁力來維持。我依據上述四點，來下一個法律定義如左：

法律是社會生活的規範，以實現社會全體的利益爲目的，由社會的共同信念所產生，靠社會的公權力强制實行的。

依照這個定義，我再把他分析出來，說明如左：

（一）法律是社會生活的規範　社會生活是甚麽？在第二章內曾經有分析的說明。既有社會生活，便有組織；既有組織，便有維持其內部秩序的一種拘束力，關於這些問題，我在第三章內也曾經討論過。現在我要討論的，是社會生活的『規範』究竟是甚麽性質？依照俄國法學者哥爾古諾夫（Korkunov）的說，社會生活的規範可以大別爲二類：第一，技術的規範（technical norms），這是指示人類實現某種特殊目的之行爲方法的法則，如建築的法則，機織的法則，教育的法則，衛生的法則等是。這類的法則，是由主觀的價値判斷而選定，依客觀的自然法則而進行；凡應用科學的方法，以實現人類生活之各項目的，都各有其必然的途徑和步驟，人類選定了目的之後，必須遵循這些規範去求實現，故可稱爲任意的規範。第二，倫理的規範（ethical norms），這是指示人類決定各種目的之相互關係的規範，用來調和個人的各種目的之衝突，並且調和個人利益和社會利益之衝突；人生的目的很繁複，決不能同時實現其全部目的，故必須明瞭各種目的相互間的關係，纔能決定犧牲某種目的而先選擇某種目的；人類生活是成了『社會連帶關係』，爲實現人類全體的究竟的目的，不得不犧牲個人目前部分的利益。這種調和或限制的標準，必須由客觀的價值判斷而決定，故可稱爲純粹的規範。但是，這類的規範當中，其拘束人類行爲的方法及其程度又頗有參差，可以把這類規範再分爲（１）道德的規範（moral norms），（２）法律的規範（legal norms）兩種，據哥爾古諾夫一派學者的解釋，前者是規定人類行爲的價值判斷之標準，後者是劃定各個人實現利益之範圍；前者有絕對的義務性質，後者是權利和義務相對待的；前者是關於良心的規定，後者是關於外部行爲的規定；前者爲個人的法則，後者爲社會的法則。照以上所述，法律的規範，和其他社會生活各種規範的區別，是很明顯了（參看 General Theory of Law, p. 41–46; 79–85）。

但是，據穗積重遠的批評，社會生活中的各種規範，是有相互的密切關係，先就道德的規範和法律的規範兩種來說：道德上的義務未必都是有絕對性的，而法律上的義務也未必都是和權利相對待；道德的規範未必專是良心的規定，也有涉及外部行爲的，而法律的規範未必專規定外部行爲，也往往有陶冶及良心的道德的規範並非個人的法則，而和法律的規範一樣的都屬於社會的法則。且法律未必專爲各個人間利益相衝突而規定其界限的，人類的利益或目的，固多互相競爭互相衝突之處，然亦有自然同趨一致的事實；故法律的任務，一方是爲各個人劃定利益的界限，他方也是爲羣衆實現其共同的利益或目的。前者如物權法債權法等是，後者如公共團體及親屬關係等的法律是。再就倫理的規範和技術的規範來說：這兩類的規範亦往往有互相錯綜的事實，並非有截然的區別；技術的規範遇必要時也得成爲法律，如建築法教育法等，雖爲物理的或心理的法則之應用，然有關於人類的公共安寧和幸福時，則此等技術的規範都要變做法律來實行。照這樣說來，社會生活的一切規範，沒有一種不可以成為法律的規範，當然不能像哥爾古諾夫所說那樣明白的把他區分出來的（參看法理學大綱第九章。）

我這裏所說『法律是社會生活的規範，』是採用穗積重遠的主張來說的。所以不願說『法律是國家生活的規範，』因為一提到『國家』兩字很容易使法律離開社會生活的全體關係，而變為國家專有的工具；更要使法律隨着國家相終始，如有些學者所說，『有國家然後有法律，』換句話來說，若沒有國家便沒有法律了？我在第三章內曾經說過：『法律是和社會相終始的，』我再引用兩句拉丁語來說：『有社會便有法律；有法律便有社會』(Ubi societas ibi jus; Ubi jus ibi societas)。現代的法學家把這兩句話當做說明法律和社會關係的金科玉律。原來國家生活不過是實現人生目的的一種手段；國家生活以外，還有許多的團體生活，也都是實現人生各種目的的手段（參看本書第八章所引馬克愛弗的新國家論。）從時間上說，國家未發生以前，人類已經有了社會生活；將來國家消滅以後，人類的社會生活還必定有一種新的組織產生。從空間上說，現在國家的組織以外，還有國際團體的各種組織；國家以內，也還有社會上各種小團體的組織。凡這些在國家以前，以後，以外以內的各種社會生活，沒有一種不是爲實現人生目的所必需的組織體。既有組織，便都有法律（參看田中耕太郎法律學概論第一編第一章第一節。）

（二）法律是以實現社會生活全體的利益爲目的　我在第三章已經說過，法律是實現人類一切利益的工具，但是從人類生存競爭的事實上觀察，歷來的法律卻不是替人類全體實現利益，而祇是供少數人剝削多數人的利益之用，這決不是法律本來的目的，也不是法律自身的罪惡，而是法律被少數人所利用了的結果。我們既認定法律不應該擁護少數人或特殊階級的利益，所以要避免從前人所說『法律是保護個人權利』的那些口吻；我們更要了解法律不是專爲各個人『劃定利益的界限，』而是爲人類全體謀共同利益的實現。『劃定利益的界限』這句話是哥爾古諾夫說的，他的本意固然着重在共同利益的實現，要免除私人利益和共同利益的衝突；他是一個否認個人主義的學者，我當然很贊同他的主張。不過我以爲若把『劃定利益的界限』這句話當作法律的目的，卻未免偏於消極的說法。不如把這句話來說明法律的作用，倒覺得妥當，所以我不願借他這句話用在定義上面。

有人說：社會共同利益是不存在的。以爲個人所欲實現的，祇有個人的利益或階級的利益，決沒有社會共同的利益。這是就現在和過去的事實說的，如封建制度時代，國家主義時代，或資本主義時代的個人，都是受各個時代的社會環境所束縛，對於社會生活全體的觀念未明瞭，而社會的經濟組織也還沒有統一，所以個人所欲實現的利益祇限於私利益或一個階級的利益，而所謂社會共同利益當然是學者的一種空想。但是，我以爲社會的經濟組織是漸向着統一的方面進展，社會的連帶關係日趨於周密而擴大了；此後個人的利益既不能單獨存在，而階級的利益也不是個永久的主張，那末社會共同利益自然要成爲各個人所共同要求的東西。況且法律的目的本應該從社會生活的根本上去尋求，至於法律的步驟則應該循序而進。從前的法律，因爲沒有把目的完全認清楚，空講些自由平等，而結果適得其反，所以我要把法律的目的很明顯的表示出來。

（三）法律是由社會的共同信念所產生　法律有由一定的立法程序所制定的，也有由社會的風習所演成的，前者稱爲制定法或成文法，後者稱爲非制定法或不文法；法律又有由統治階級制定的，也有由人民各團體或各階級制定的，前者稱爲國定法，後者稱爲自定法。從前人的法律定義上，有說法律是『國家所制定（enactment）或認定（permission）的，』也有說法律是『國民所認定的。』我現在爲說明便利起見，把制定，認定，或國定，自定等名目，總稱之爲產生。我以爲所謂『制定，』不過是一種程序，而這種程序的進行，必定有一個原動力。例如羅馬十二表法的制定，是出於平民要求的原動力；英國大憲章的制定，是出於封建諸侯脅迫的原動力。所以我們不必問他的制定是由於甚麼機關，祇要問他的產生是出於甚麼原動力。

從前人有說法律是『由國家產生的，』以爲制定或認定法律的權祇屬於國家，這是由於『一元的國家觀』或『一元的主權論』而來的。自『多元的國家觀』或『多元的主權論』盛行了之後，大家都知道法律是出於國家之上，生於國家之先的。那末，法律的產生，必定由於社會生活的基本要求，是毫無疑義的。

所謂社會生活的基本要求是甚麼?可以說就是人類求生存和繁殖的兩大目的。從歷史上考察人類爲實現這兩大目的，而在法律上遂行其要求的方式有兩種：（1）是社會的階級鬪爭。在原始社會時代，人類便有身分的階級；財產私有制發達以後，則有經濟的階級；實業革命以後，生產手段歸私有，勞動力化爲商品，於是政治上和經濟上的階級更明顯的分立。中世紀以前的階級，雖還缺少固定性，可以由個人的努力衝破階級的層障，但是要謀多數人利益，則非行階級鬪爭不可。紀元前三千年埃及的平民革命運動，促進埃及法律的倫理化；紀元前四百六十年左右羅馬的平民革命運動，產出十二表法；中世紀初期市民階級的經濟鬪爭和政治鬪爭，形成了封建制度；一二一五年英國貴族階級向國王的鬪爭，創制了大憲章；十二世紀左右英法的市民向貴族的鬪爭，成立了各城市的『自治團體』和『同業公所』；一七八九年的法國革命，孕育出一部拿破崙法典，建立了近世法律的基礎。由此可見古來法律制度的變遷，決不是出於統治階級的自動，而都是被治階級反動的結果。至於資本主義成立以後的階級，已有了固定性，個人無論如何努力很不容易衝破階級的層障，於是整個階級的鬭爭更爲必要，他的鬭爭方法雖有緩和和激烈之分，但是不鬭爭決不能實現本階級的利益，而促成法律制度的改造，這是已成爲現代改造運動的鐵則。（2）是社會內各分子的互助。社會生活的眞相，一方面固是個人利益或階級利益的相衝突，他方面又是各個人共同利益的相調和。人類生活有分工合作的必要，故發生『社會連帶關係』而自然產生法律的現象（參看第三章及第八章所引狄驥的學說。）這個社會連帶關係，是隨着社會生產力的發達而不斷的擴充，於是法律現象也不斷的隨着變遷，除非到了社會生產力的發達遇着阻礙，舊的制度法律不能適應社會新要求的時候，決不會發生革命運動，所以階級鬭爭不過是社會進化的一種方式，並不是唯一的方式。人類的目的祇在實現利益，各個人或各階級的利益相衝突時，則取『鬭爭』的方式以求實現各個人的利益若能互相調和，則取『互助』的方式以求實現。用這兩種方式以達實現利益的目的，故『實現利益』也就是社會生活的基本要求。而應如何去實現利益？則社會生活中必定有一種共同信念。當發生階級鬭爭的時候，在階級內部必定先有了一個共同信念，鬬爭成功之後，便由這個共同信念形成了一種新制度和新法律；在社會連帶關係中過生活的時候，爲實現分工合作，亦必定先有一個共同信念以作一切個人行爲和相互關係的規範，初時先成習慣，後來逐漸成爲法律或制度。前者，例如由階級鬬爭而成立的『革命憲法』；後者，例如由民族自決而成立的『協定憲法』是。

（四）法律是靠社會的公權力來強制實行　上面說的三種意義，祇是社會生活一般的規範所共有的性質，還不能看做法律專有的特徵，不過也是法律的要件罷了。至於法律所以和其他社會生活規範不同的要點究竟是甚麼？我可以簡單的回答說：只在『強制實行』(enforce)。　凡社會生活的一切規範，一經強制實行，便成爲法律。如技術的規範或道德的規範之類，祇因其沒有強制實行的條件，故和法律有區別，若遇必要時而須強制實行，則這些規範都可以變爲法律。例如『清潔』是一種衞生上技術的規範，若加以自治公約或衞生行政上的強制實行，則清潔便成爲一種法律；『扶養雙親』是一種道德上的規範，若對於不負扶養責任者加以處罰，則扶養雙親便成爲一種法律。那末，我們可以說，法律就是曾經強制實行的社會生活的規範。

本來一切規範都具有制裁力，規範之所以不同於自然法則，就是在此。例如違反衛生方法的人，必定有疾病的痛苦，痛苦就是制裁；不孝養雙親的人，必定受社會的責備而致名譽損失，名譽損失就是制裁。但是不能說這種制裁作用就是強制實行，換句話說，這種制裁可說是自然制裁或社會制裁，並不是法律制裁。自然制裁或社會制裁，祇能使違反規範者自受其違反的行爲直接所發生的結果，他若願意受或再受這些結果，便沒有別種方法可以遏制他。至於法律制裁，則於直接的結果之外再加以別種處罰，並且有一種力量可以不許他自願受或再受這些直接的結果，或防止他發生這些直接的結果。因此，我們可以說自然制裁或社會制裁是不徹底的，而法律制裁是徹底的；前者祇能發生消極的結果，而後者卻能發生積極的結果。所以現在社會生活的一切規範都漸漸法律化了，這就是強制實行的效力。

有些學者以爲強制並不是法律的必要屬性，若太看重強制性，法律就要變爲統治階級壓迫被治階級的工具。田中耕太郎也在他最近所著法律學概論的總論上面說：『法的強制問題，並不是法的性質問題，而僅爲程度問題。故國際法雖缺乏強制力，但不能說他不是法律，反稱他爲實證的道德（positive morality）。若把缺乏強制力的都不認爲法律，則國家法律當中也有許多不能認他爲法律了。』不過田中氏並不是根本否認法律的強制力，他的立言本旨是在擴充法律的範圍，以爲不能因他本身缺乏強制力，便說他不是法律，所以田中氏又說：『國際法或國內法雖不自具強制力，但也還有司法裁判制度和其他各種特別強制手段可以補救他的。』（見總論第一章第一節第一款）我們不應該偏重法律的強制力，但卻不能抹煞法律的強制性；社會生活中的各種法律，都有連帶的關係，某種法律的實行，是靠某種法律爲後盾；就是社會的習慣或道德，一旦經法庭所援用之後，也便發生有強制力。我們正不必否認法律的強制性，祇應該來討論強制到如何程度，強制力的源泉在何處便是了。

誰來強制實行呢？換句話說，法律制裁的力量是甚麼呢？這是法律上一個很大的問題，也是法律定義上一個很難解決的問題。從前的學者都說法律是『由國家強制執行』的，以爲有國家然後有法律，祇有國家能夠制定或認定法律，所以亦祇國家有強制人民遵守法律的權力。這不過是國家主義時代的法律觀念，在這個時代以前或以後，都不能適用這種學說。

原始社會的神權時代法律是出於神意，故靠神力強制實行，不過那時代的法律現象很曖昧，所以強制力亦很不明顯；君權時代，法律是出於君主一人的命令，故靠君主的權力來強制實行；特殊階級的統治時代，法律是統治階級的產物，故靠統治階級的特權來強制實行；若現代蘇俄的無產階級專政時代，法律是無產階級的專用工具，故強制權力亦專屬於無產階級。歷史上各個時代的社會，都有統治那個社會的一種權力；權力分析出來就是組織力和支配力；對法律而說，就是強制力。我們姑且先概括的說，法律是『由權力強制實行的。』

『權力』是甚麼呢？學者的解釋又頗不一，因此，法律的定義也就很紛歧了。無論國家主義派或社會主義派都是這樣說：『用國家權力強制着的規則，纔叫做法律。』所以他們以爲國家未成立以前，由各種特權所強行着的規則，都不能認爲法律。那末，若國家的制度廢止了，權力就消滅了，法律也沒有了？

陳豹隱在他所著的新政治學中說：（1）權力的發生，是由經濟剝削的關係；（2）權力關係的成立，是由於被剝削階級依附剝削階級而生存，承認剝削階級所定的有秩序的經濟剝削；（3）權力的固定化和制度化，是因爲統治階級和被治階級的利益都有相當的滿足——被治階級是消極的滿足，而社會的生產力卻能增進，財富卻能蓄積，實力因而集中，文化因而進步；（4）權力的神聖化，是因爲產業發達的結果，被治階級握着生產上的實力，統治階級恐怕不能維持原有的權力關係，於是假託神聖權說，說君主是神的代表，法律是神所授意，被治階級的地位亦是神命所定，政治和宗教便合一起來；（5）權力的人格化，是因爲封建制度崩壞了，神權的說不足以服人，於是根據『契約說』的理論，說權力是發生於人民的契約，造成一個名爲人民共有實則少數人所佔有的抽象的有人格的國家，而建設近世資本主義的民主政治；（6）權力社會化，是因爲社會主義潮流的澎湃，在政治上已促進公民團體範圍的擴大，代表制度的改良，統治樣式的變更，在經濟上則產業社會化，資本國有化，企業公有化，乃形成現代無產階級的民主政治或國家社會主義的政治（見新政治學一四〇——二〇四頁。）

陳氏所說權力的變遷，是從歷史的事實上歸納出來的，我覺得非常的確切明瞭。我以爲從歷史上研究權力的發生，固然是由於經濟剝削的關係。但是再考察權力的變遷，到了權力社會化之後，他的作用是怎樣？陳氏以爲這個是『事屬將來未便懸揣的問題。』可見權力的關係不一定都是經濟剝削的關係，社會階級消滅以後，祇要社會的組織依然存在，權力的關係也有存在的必要，不過他的作用卻和從前大不相同了。

我所說的『社會的公權力』和從前人所稱的統治權力或公權力，意義完全不同。我說『公權力』是一個社會或一個團體內部自謀統一的力量，也就是穗積陳重所說的社會力（參看本書第三章。）穗積重遠亦說過：『社會之中常有因其構造分子之各個人有機力之聯合而產生一種社會力以統一其社會。』（見法理學大綱李譯第一一八頁）兩位穗積氏所說的社會力，決不是社會中一階級的特殊權力。馬克愛弗也以爲國家是有一種主權，不過這種主權祇是在他們權限以內發生的，這種主權，就是他們對於內部的組織力和支配力（參看本書第三章。）我所說的『社會的公權力』和兩位穗積氏所說的社會力，或馬氏所說的主權，意義相差不多。

我不說『法律是由國家的權力強制實行，』也不說『法律是由權力強制實行，』而要說『法律是靠社會的公權力強制實行，』因爲加上『國家』等字樣便容易誤解爲從前人所說的那種政治權力或統治權力；若單稱『權力，』也不知道還是君主權力或是統治階級的權力？所以要明白的說『社會的公權力。』我以爲一個社會既有組織，便有他內部的公權力，既稱爲公權力，當然不是屬於一人或一階級，而是屬於全體的；不是高出於社會之上，和社會無關係（參看 Engels 家族私有財產及國家的起源西雅雄譯本第三〇九頁，）而是產生於社會之中爲社會所必需的。社會全體的權力如何表現？如何行使？這是關於內部組織的問題，應該屬於政治學的範圍，在這裏沒有時間來討論，不過我們總可以相信今後的社會必能夠實現一種比較完善的組織，而能使社會的公權力表現出來。我們認定『階級分立』確是一種社會病態；『統治階級』確是社會的惡敵，而『政治權力』恰成爲這個惡敵用來剝削被治階級的工具。但是，我們一方面又相信社會組織的統一是必然的趨勢，要統一社會的組織，便有『統治』有統治便有『權力。』我們所否認的是階級的統治，政治的權力；而我們所主張的是社會的統治，社會的公權力。況且我們所說的強制實行，並不是專指刑罰上或民事上和行政執行上那些具體的強制手段說的；於那些強制手段以外，還有其他心理的或經濟的各種強制手段，如輿論，不合作等類，也都足以拘束個人的自由行動，而強制其遵守法律的。

本書重要參考書

穗積重遠　法律進化論　第一冊至第三冊（第一冊有黃尊三譯本）

田中耕太郎　法律學概論（現代法學全書第三十一卷至三十五卷）

牧野英一　現代文化與法律

小野清一郎　法律思想史概說

高橋誠一郎　經濟學前史（經濟學全集第二十三卷）

河上肇　經濟學大綱（經濟學全集第一卷）

F. Müller Lyer　社會進化史（陶孟和等譯）

何炳松　中古歐洲史　近世歐洲史

高一涵　歐洲政治思想史

Engels　家族私有財產及國家之起源（日本西雅雄譯）

Duguit　國家變遷論（日本木村龜二譯）

Anton Menger　新國家論（日本河村又介譯）

中島重　多元的國家論

穗積重遠　法理學大綱（李鶴鳴譯）

R. Pound　社會法理學論略（陸鼎揆譯）

R. Pound　法學肄言（雷沛鴻譯）

渡邊萬藏　法律辭書

沈鈞儒 何基鴻 合編　憲法要覽上編

陳豹隱　新政治學
高一涵　政治學綱要
方孝嶽　大陸近代法律思想小史
孫本文　社會變遷
杉山榮　社會科學概論（李達　錢鐵如合譯）
高田保馬　社會關係之研究
郭任遠　社會科學概論
H. P. Fairchild: The Foundation of Social Life.
N. M. Korkunov: General Theory of Law (English translation by Hastings).
F. A. Ogg: The Government of Europe.
J. Bryce: Modern Democracies.

McIver: Community.

Laski: The Problem of Sovereignty.